武士の子育て

石川真理子
ISHIKAWA MARIKO

致知出版社

はじめに

教育は、いつの時代も多くの人々を悩ませる課題です。その時々でいろいろな対策が行われてきましたが、昨今は学力の低下を「ゆとり教育」が原因とみて見直しが行われています。

この「学力低下の危機」という言葉に接するたび、私は安岡正篤《まさひろ》先生の、「いくら才があろうと徳がなければ活かすことはできない」との教えを思い出すのです。また、女子教育の先駆者である下田歌子にしても、技能より徳性を先んじていました。

幕末生まれの下田歌子と、明治生まれの安岡正篤先生が意見を同じくしているのは、それが江戸時代から続いた我が国に於ける教育の基本姿勢であったことを示しています。

現在は、この点がまったく逆転しています。つまり、才が先で、徳が後なのです。というより、そもそも「徳」の重要性が認識されていないのではないかとさえ感じられます。学力低下を単にゆとり教育の失敗だと片付けるのも、徳性あっての才能とする観点が欠落しているからではないでしょうか。

徳性を育めば、おのずから志を抱く人物に成長するでしょう。志に向かって生きようとすれば、それに伴う技能の必要性を各自が実感せざるを得なくなります。となれば、否応なしに、むしろ望んで飽くなき学びの道へと邁進《まいしん》するようになるのです。それがひいては、学力の向上という結果を導くのではないでしょうか。

徳性を高める教育、今でいう人間力を磨く教育が最も施されたのは武士階級でした。武士の教育というと藩校というイメージがあるかもしれません。しかし藩校で学ぶには、それに相応《ふさわ》しいレベルの人間性と能力がなければなりませんでした。

まず第一に家庭教育があり、その次に会津の什《じゅう》や薩摩の郷中《ごじゅう》教育といった集団教育があり、そこで徳性と極めて基本的な技能を身につけたうえで、ようやく藩校に入るのです。

とりわけ家庭教育は重要とされました。そして、現在、最も危機的状況にあるのも、まさに家庭教育だといえます。

こうした「家庭教育の危機」のしわ寄せは、どこに表れるでしょうか。それは親が愛して止《や》まない子供たちです。もうすでに様々な現象として表出しているのは、多くの方々が認識するところでしょう。

家庭教育の立て直しが急務である現在、徳性を磨き上げる武士の教育は格好の手本とすることができます。

私は幼少期に武家の教育の片鱗《へんりん》を授けられました。厳しい躾《しつけ》も幼いころは当然のこととしか思えなかったものです。というよりも、それが厳しいかどうかなど意識の範《はん》疇《ちゅう》ではありませんでした。だからこそ幼少期からの教育が大切なのです。

このような経験から、ごく単純に武家の教育は良いものだと思っています。

しかし、実際に武士が存在していた時代に、武家でどのような家庭教育が行われていたかということは、文献に頼らざるを得ません。中でも武家に伝わる家訓や、江戸時代に出版された武士の教育書などが大変参考になります。

本書では、数ある武士の教育書の中から、林子平《はやししへい》の『父兄訓《ふけいくん》』を選びました。

林子平は江戸時代中期に生まれた仙台藩士であり経世家です。江戸や長崎で学んだうえ、全国を行脚《あんぎゃ》し海外情勢などにも通じていました。それら実地で得た学びをもとに列強の脅威から、いかに国を守るかという思想を持つことになります。

このことは、林子平に「世界の中の日本」という意識があったことの表れでもあります。幕末でも「国」といえば「藩」という認識であったのに、子平は寛政時代に、すでに「日本一国」としての考えを持っていたのです。

これが教育論にも色濃く投影されており、その点が類書の中でも『父兄訓』が突出している部分であるといえましょう。そのため、江戸中後期に書かれた教育書でありながら、ほぼそのまま現在に活用することが可能です。

林子平については、序章でも触れることにします。

『父兄訓』は男性向けに書かれているため、同書を読み解いた本書も基本的には父親向けの内容となっています。

しかし、私としては女性にも、お読みいただきたいと思っています。

戦前まで、家庭の中で一番偉いのは父親でした（ただし、祖父母がいた場合は、祖父母が頂点です）。

そして、「父親を偉い」とする構図をつくっていたのは、妻であり母である女性でした。つまり、女性あっての「父親の権威」だったのです。女性たちが一歩も二歩も譲ったのは、そのようにしておくほうが結果的に家庭が安定することを、経験的に理解していたからでしょう。

『父兄訓』には、「父としてかくあるべし」ということが随所に出てきます。そのあり方は、妻の協力なくしては、ほぼ実現不可能であるということを、女性の読者に汲《く》み取っていただければ幸いです。

本書が誇り高い日本人を育てるために些少《さしょう》なりともお役立ていただければ、泉下《せんか》の林子平先生もさぞや喜ばれるにちがいありません。

※本書では、『林子平全集』の『父兄訓』全文を収録した『子育ての書』（山住正巳　中江和恵　編注　平凡社東洋文庫）を底本に、著者による意訳としました。なお、各章のテーマに則して、原文を著者の意により編纂しています。

武士の子育て＊目次

第一章　武士の教育・基本原則

第二章　武士の教育・人物の土台づくり——乳幼児期の子育て

第四章　武士の教育・志をはぐくむ——青年期の子育て

第五章　武士の教育・学則といろは歌

装幀――秦浩司（hatagram）
編集協力――柏木孝之
プロフィール写真――トヨサキジュン

序

武家の基本教育は「人物をつくる」

武士の世は遥かな昔となりました。

しかし今なお「サムライ」という言葉は生き続け、しばしば「武士道」がとりあげられます。

「あの人はサムライだ」と評される際、単なる褒《ほ》め言葉ではなく、一段上の敬意が含まれているのが感じられます。

実際、武士というのはつくづく偉いものです。どんな状況に置かれようと民に規範を示すため、身を修める努力を惜しみませんでした。まさに「武士は食わねど高楊枝《たかようじ》」です。

私の先祖にしても、たとえ賊軍といわれようとも、武家の矜持《きょうじ》を失うことなく新たな時代を生き抜きました。そのあり方は末裔《まつえい》である私自身の誇りであり、同時に「先祖に恥じぬように」というよい意味での重荷となっています。

このような武士のあり方は、当然ながら一朝一夕で身につくわけではありませんでした。幼い頃からの家庭教育あってのことです。

武家の教育とは、ひとことで言えば人格形成でした。例えば、武道でいわれる「礼に始まり礼に終わる」は武家の教育そのものということができます。武道に限らず、日常のあらゆる事柄が「礼」に叶うようにしなければなりませんでした。

もちろん「礼」に限らず「仁」「義」「智」「信」「忠」「孝」「悌《てい》」といった徳目も同様です。要するに、文字通り箸の上げ下ろし、一挙手一投足が、武士道に則している必要があったのです。日々地道な努力の連続であったでしょう。

「ひとかどの人物といわれる大人に成長して当たり前」とされたのが武家の子供でした。この境遇の厳しさゆえに、幼いころから確実に積み重ねられる家庭教育が重要となっていたのです。

まえがきでも述べたように、具体的にどのような方針が執られていたかを今に伝えるのが家訓や武家の教育書であり、林子平の『父兄訓』は、そのひとつです。

林子平については後述することとして、まずは江戸の教育についてお話しいたしましょう。

江戸日本は教育立国

武士階級は全国民の約一割でしかありませんでした。にもかかわらず、私たち日本人の大半が武士道をすんなりと理解し、武士の生き方やあり方を「美しい、自分もかくありたい」と感じます。それは、江戸時代を通じて教育が庶民の最下層まで行き渡ったことと深く関係しています。

江戸幕府を開いた徳川家康は教育を重んじました。その表れとして、『日本庶民教育史』の著者・石川謙は、家康が足利学校が廃絶されようとしたのを阻止し存続させる一方で、林羅山《はやしらざん》には洛陽に新たな学校を樹立するように勧めたことを例に挙げています。

水が上から下に流れるように、トップの姿勢は配下に影響を及ぼすものです。家康の教育熱は確実に浸透し、江戸初期には熊沢蕃山《ばんざん》や山鹿素行《やまがそこう》、荻生徂徠《おぎゅうそらい》などが、現在でいうところの「学校教育論」を展開しました。

当時の識者は思想が若干異なる点があるにせよ、教育の基本は君子教育（あるいは帝王学）であるとしています。その理由も共通しており、あくまで国家安泰のためでした。

つまり、「教育とは倫理観のある正しい治政を行うことのできる公平無私な人物を育て上げるものである」というのが大原則だったのです。江戸初期の時点では、まだ教育が皇族や貴族、武家など、為政者となる階級に向けられていたためでもありましょう。

やがて江戸中期に差し掛かるころには、庶民にまで教育が浸透しました。その最たる理由は戦乱のない平和な世が続いたことにあります。

この頃から武家は経済的に貧窮し始めますが、逆に庶民は豊かになっていきます。生活が安定し「生きる不安」から解放されると、人々の関心は教育や文化、娯楽に向けられるようになりました。まず、どんな小さな村にも寺子屋ができました。それにより庶民でも文字が読めるようになったためでしょう、出版文化も花開く結果となりました。

寺子屋師匠の大半は武士や僧でした。寺子屋の教科書として使われていた「往来もの」は、四書五経に通じる内容をやさしく表現したものが大半です。

一方、出版界では、もともと貴族や武家など知識階級に読まれていた書籍に加え、子供向けや女性向けも含む多彩なジャンルの読み物も刊行されました。これらを購入したのが、経済的に豊かになった庶民だったのです。

こうして江戸初期には特権階級に向けられていた「人物をつくる」という教育理念が、寺子屋の基本方針にもなり、また、その具体的な内容も、書物を通じて庶民階級にも学ばれるようになったというわけです。

世界的に見ても極めて希有なことに、江戸時代の日本は、まさに教育立国であり、程度の差こそあれ、特権階級から庶民に到るまで武士の教育理念に則った教育を受けていたといっていいでしょう。その結果、後に「武士道」と称される日本精神が、あまねく浸透していったのです。

林子平の『父兄訓』は、日本が教育立国になった、ちょうどその時期に出版されました。

育メンは江戸回帰現象

その題名からもわかるように、『父兄訓』は、もっぱら父親向けに書かれています。江戸時代は父親向けの教育書がずいぶん出版されており、山鹿素行の『父子訓』なども、その代表といえます。

このように父親向けの養育書が出版されたことからしても、江戸時代の男性は育児に積極的だったのでしょう。あるいは、積極的に育児をするようにと奨励されていたとも考えられます。

幕末に来日した外国人の記録には、「江戸の街を歩くと子供を抱っこした父親にしょっちゅう出くわす」「日本では父親が子供の面倒をよく見ている」といった内容が見られます。

また、幕末の下級武士・渡部勝之助（桑名藩士・勘定人）の『桑名日記』や『柏崎日記』を繙《ひもと》くと、まめまめしく子供たちを教育する様子が描かれています。

江戸時代は庶民のみならず武士階級でも、父親が育児に積極的だったことが窺い知れます。それを思えば、いわゆる「育メン」は新たな潮流どころか江戸時代への回帰といえるでしょう。働く女性が増えた今、父親の育児参加は母親にとってもありがたいことです。

しかし一方で、現在の男性が父親として子供を教育しているかどうかという観点に立つと、これで大丈夫だろうかという不安や疑問を抱きます。なぜなら、どうしても子供を甘やかしているようにしか見えない場合がしばしばあるからです。

忙しい中で子供の世話をするのは大変です。しかし、食事の世話や送り迎えなど子供と接する限られた時間を利用して、人として大切なことを教えたいものです。何気ない日常の中で教えられたことは思い出とともに心に深く刻まれます。ただ何となく流されるように、世話することにのみ終始するようでは、もったいないというべきでしょう。

現在は父親不在の危機

また、友だち同士のような父と子が見られるのも気になるところです。父親としての大きさや権威は、父が子を育てるうえで非常に大切な要素であるということが、ほとんど理解されていないようです。

家庭は子供が最初に触れる社会です。そこで父親など年長者に対する敬意を、年少者へはいたわりの心を学ぶことは、社会性を身につける第一歩となります。ちなみに、これらは武士道に於ける「孝」と「悌」の徳です。年上を敬う「孝」と年少者を思いやる「悌」は幼少期にこそ育みたいものです。

最近は敬意を抱くという感覚そのものが抜け落ちているような若者を見かけること

があります。そのため、ごく当たり前の礼儀に欠けてしまうようなことになります。このようなタイプの若者は良好な上下関係を結ぶのが困難になることが少なくなく、職場の人間関係で躓くことにもなってしまうようです。しかし、相手を尊重することがなぜ大切なのか根本的にわかっていないため、自分の何が悪かったのかさえ本人は気づくことができません。

根深い「いじめ」の問題にしても、年配者や弱い立場のものをいたわる思いやり、「悌」をわきまえていれば、ごく自然と「そんな卑怯なことはできない」という思考がはたらくことでしょう。

どれほど時代が変わろうとも、社会はタテとヨコの関係によって織りなされていくものです。親が親としての権威を携えることは、自然なことであり必要なことです。日本が経済発展の道をひた走っている時代には「父親不在」という言葉も生まれましたが、実際に父親が不在かどうかということ以上に「威厳と大らかさをもって子供を教育できる父親が不在である」ことのほうが問題ではないでしょうか。

もっとも、「父親不在」の時代に子供だった世代の中には、「たまに家にいると思ったら権威を振りかざすばかりで、父親から大事なことを教えられた憶《おぼ》えがない」という人もめずらしくありません。そうした子供時代の反動で、友だち同士のような親子関係を自ら望んだ場合も多々あるようです。

このような連鎖が、次第に「父親像」をあやふやにし、「友だち親子」が好ましいとする動きが加速したのではないでしょうか。今や、自信を持って「父親としてかくあるべし」ということを語れる人が、ほとんどいなくなってしまった感さえあります。

タテの関係に不可欠な「孝」と「悌」の徳は、今後、ますます失われていくかもしれません。

林子平の憂い「世に見苦しい家庭が増えた」

林子平は『父兄訓』の冒頭で次のように述べています。

「異国にも我が国にも子育ての本はたくさんあるのに、父兄たる人は子弟をどのように教え諭せば良いかということを、その親や祖父から教えられずに成長しているため、そうした教育書を用いることさえも知らずにいる。知らぬがゆえに、ただただ子供を甘やかして育ててしまう。その結果、たいていの子供は無頼《ぶらい》・不作法になる。その子も無頼、その孫も不作法なれば、おのずから曾孫《ひまご》も玄孫《やしゃご》も無頼・不作法になる。

このようにして人としての道徳をわきまえる子供が少なくなり、倫理観は壊乱し、見苦しい家族が世の中に数多く見られるようになってしまった。私はこれを悲しみ憂い、今新たに教育について綴り、世の父兄たる人に子供の教え方を示すのである」

まるで現在のことを述べているかのようです。

『父兄訓』が仙台で出版されたのは一七八六（天明六）年、実に二百三十年以上の昔に遡ります。道徳教育が重んじられていたといえども、江戸二百六十余年のうちには世情が乱れることもあったでしょう。

子平は家庭で良質な教えが継承されなくなった結果、世の中にたくさんの見苦しい家族が存在するようになってしまったと憂えています。ここには「このままでは国がだめになる」という危機感も込められているのです。

しかし、子平は憂えてばかりではありません。

「父兄がこの書を読み、子供を教える方法を知り、そのうえで子供を育てるのなら、今後は代々、徳をわきまえるようになるだろう」と述べています。

今からでも遅くない。人格を形成するための教えを学び、それを子供の教育に活かしていけば、子や孫の代まで受け継がれていくにちがいない。そうすれば、佳《よ》き国柄と高い民族性を維持し、先祖が守り抜いたこの国を子々孫々まで受け継いでいくことができるだろう。

子平の言葉は、現在を生きる私たちにとっても希望を与えるものではないでしょうか。子供の成長は待ってはくれませんが、だからといって諦めることもありません。また、もし、すでに孫がおありなら、孫育てに活かすこともできます。

国際感覚を持っていた林子平

「家庭教育が疎《おろそ》かになれば国家が危ない」という考え方は江戸時代の識者に共通しています。が、林子平の特異な点は「世界の中の日本」という視点があったことです。

林子平は一般的には「海防論の先駆者」として知られています。子平は「海洋国である日本は諸外国からの侵略から国を護るためには海防を重んずる必要がある」とし、具体的な国防策まで考えていました。この独自の海防論をまとめたのが一七八七（天明七）年に仙台で自費出版された『海国兵談』です。同書は全十六巻にも及ぶ大著で、最終巻である第十六巻が出版されたのは一七九一（寛政三）年のことでした。約五年の歳月をかけて著されたのです。

しかし、この渾身作が子平の人生に影を落とす結果となりました。あまりにも時代の先を読みすぎたというべきか、国を思う子平の真心は伝わらず、むしろ「いたずらに亡国の危機を叫んで人々を惑わせる」と処罰されてしまったのです。

その影響でしょう、『海国兵談』の第一巻が出版される前年の一七八六（天明六）年に刊行された『父兄訓』も、ほとんど注目されなかったようです。子平の悲嘆、いかばかりであったかしれません。だいたい林子平という人は、生涯通じて不遇だったといえます。

子平は一七三八（元文三）年、幕臣で御書物奉行だった父・岡村良通の次男として江戸で生まれました。良通は荻生徂徠《おぎゅうそらい》の学を奉じていたものの、子平が三歳の頃に浪人となってしまいます。子平ら家族は開業医だった叔父・林従吾のもとでやしなわれることとなり、姓も林とあらためました。

やがて兄の友諒が仙台藩に召し抱えられることになり、一七五六（宝暦六）年、一家は仙台に移住。ちなみに姉のお清は仙台藩の六代藩主・宗村の側室に抜擢されています。その関係で叔父・林従吾が仙台藩から禄を受けるようになり、兄・友諒の代で正規の仙台藩士として認められたのです。

幼少期には歴史や地理を好んでいた子平でしたが、次第に経済や国防にも関心を抱くようになっていきました。蝦夷地《えぞち》の形勢を調査したり、長崎に三度も足を運びオランダ人から海外事情やロシアについての情報を得るなど現地調査まで行っています。

このことが「世界の中の日本」という視点を培うことになりました。江戸中期の生まれでありながら国際感覚を身につけていた人物は数えるほどしかいないでしょう。『海国兵談』が自費出版となったのも、当時の人々にとっては度肝を抜かれるような軍事書であり、どこの版元もいやがったためと伝えられています。

しかし子平は諦めることなく、みずから版木を彫ってまで出版しました。ところが、それも発禁処分となり、版木も没収されてしまいます。そのうえで子平は蟄居《ちっきょ》の身となり、仙台の兄のもとで一七九三（寛政五）年、病により五十六年の生涯を閉じたのでした。

学校まかせでは片手落ち

林子平の生きた江戸中期から後期に差し掛かる時期は、教育熱が高まった時代でした。

ではなぜ子平は、これほどまでの危機感を抱いて『父兄訓』を著述したのでしょうか。その理由を探ってみたところ、ここにも現代に相通じる事情が垣間見えました。

当時の仙台藩主は第五代・伊達宗村で知勇兼備の人物として知られています。一方、将軍は文武両道で知られる第十代・家治公、しかも英邁《えいまい》と称された松平定信が老中に就いています。

松平定信による「寛政の改革」は賛否両論があるものの、後に「享保の改革」「天保の改革」と並び称されるようになりました。この幕政改革の際、定信は学制改革を重要課題のひとつとしています。その影響でしょう、天明・寛政は藩校の勃興期となり、天明から享和の二十三年間（一七八一〜一八〇三）に五十八校の藩校が新設されています。ちなみに宝暦から安永（一七五一〜一七八〇）の三十年間は二十八校で、単純に比較しても新たな藩校が倍以上も誕生したことになります。（※参考『日本庶民教育史』石川謙　玉川大学出版部）

江戸初期の学校教育論は、天明寛政年間に本格的な開花を迎えたといっていいでしょう。

そうした中で、林子平はあえて「家庭教育」を念頭に『父兄訓』を書いているのです。

これは推測にすぎませんが、学校教育が充実したあまり、家庭教育をさほど重要視しなくなった親が増えたのかもしれません。そのため「見苦しい家庭が増えた」と嘆いたものと考えられます。

現在でも、学校や幼稚園、保育園などの教育現場に携わる方々の多くが「もう少し家庭で教育を行ってもらいたい」と異口同音に述べています。家庭教育が基本であることを理解してもらおうと対策をとっても、保護者の中には「子供を教育するのは幼稚園や学校だ」とまで主張する人もいるとのことです。

教育機関が充実するのは素晴らしいことですが、その一方で家庭教育が損なわれるとすれば問題です。

本気の子育ては男を上げる

私事で恐縮ですが、武家の教育をテーマに保護者や教育関係者に講演させていただくことが少なくありません。その際、家庭における父親の権威がいかに大切かということも述べさせていただいています。そうした中、講演にご参加くださった方から印象深い後日談を伺ったことがありました。

その方のご家庭は、ご夫妻と十代半ばのお嬢様の三人家族です。ある日、ご主人が奥様とお嬢様を呼び、あらたまった様子で「そこに座るように」と仰ったそうです。その際、ご主人が正座をしていたために、奥様もお嬢様も自然と正座をしたとのこと。

ご主人は一呼吸おいて、次のようにいわれました。

「これからはパパではなく、お父さんと呼びなさい」

ただこれだけ述べられたということです。

ところが、それからというもの、家庭内の空気に明らかな変化が生じたと、奥様は仰います。年頃のお嬢様は父親に反発しそうなものですが、以前よりもむしろ敬意を払うようになり、かといって親密さが失われるようなこともないとのこと。また、奥様にしても、なぜかご主人を立てることが自然とできるようになったと、まんざらでもないご様子です。ご主人の言葉から、父親としての覚悟が感じられたからかもしれません。男の人が父親としての決意を見せるというのは、想像するよりもずっと家族に影響を及ぼす力があるのでしょう。それに、妻というのは誰しも夫には頼もしくあってほしいと願っているものです。

どの家庭も同じようにいくとは限りませんが、父親が何らかの形で決意を見せることと、けじめをつけることは大切だと思います。

『父兄訓』では、子供が傍若無人《ぼうじゃくぶじん》で我が儘《まま》放題で手に負えないのは、父親が規範を示していないのが最大の原因だとしています。どんなに立派なことを教えても、当の本人がその教えに沿っていこうという努力をしていなかったなら、子供がいうことをきくわけがない、というのです。

私自身、子育てを通じて最も学んだのは「自らを律する」ということでした。自分ができもせず、また、できるようになろうと努力しているわけでもないのに、相手にばかり求めるのは、どう考えても筋が通りません。説得力がなければ、いうことをきこうという気にはならないものです。それは子供であろうと大人であろうと同じでしょう。

大切なのは、未熟なら未熟なりに努力しているかどうかということではないでしょうか。そこに誠実さがあれば、伝わり方も違ってきます。

子供の教育に本気になればなるほど自分を律することになるため、人間性を磨かざるを得なくなります。父親として自覚を持って子供を教育することは、結果的に男を上げることになるでしょう。

子育ては「未来の国づくり」

国柄や民族としてのあり方を決めているのは、その国で暮らす人々です。私たち一人一人が国を担う立場なのです。

子平をはじめ、江戸時代の識者がこぞって「教育がおろそかになれば国の未来が危ない」としたことについて、私たち現代人も、もっと真剣に考える必要があるのではないでしょうか。

私たち大人が、この双肩に国を負うているように、やがては子供たちも大人になり、国を担うようになります。それを思えば、子育てとは未来の国づくりといっても過言ではありません。

このように、「国」という視点で教育や子育てを述べると、中には「個人の幸せはどうなるのか」と疑問を抱く方もいらっしゃるかもしれません。たとえ国家が良くなっても、個人が幸せになれないのなら受け入れられない、という考え方です。実際、世界には荒廃しているとしか思えない国で、あくまで私的幸福をむさぼりながら生きる人が存在するのも確かです。しかし良心に照らし合わせてみれば、それが真の幸せかどうかということがわかるはずです。

少なくとも私たち日本人は、そうしたあり方を受け入れることはできないでしょう。なぜなら、そのようなあり方を「美しい」と感じる感受性を持ち合わせていないからです。

日本民族は、聖徳太子が十七条憲法で「我々日本国は『和』を第一に重んずるのだ」と宣言して以来、それが最も美しいあり方であると心から信じ、その実現のために様々な努力を重ねながら千四百年余りの歴史を紡いできました。この長きにわたる歴史の中で、私たち日本人の誰もが「私」よりも「公」を先んずるあり方をDNAに刻みつけてきたといっていいでしょう。ゆえに、理屈ではなく潜在的に、「自分さえよければ国などどうでもいい」というあり方は、真の幸せとはいえないと理解しているのです。

自分を幸せだと思えない人が多くなると、社会もおのずから暗くなります。一人一人が幸せになることは、佳《よ》き国をつくるためにも必要なのです。

武家の教育は幸福力をも培う

では、「幸せ」とは何でしょうか。

何を以て幸せとするのかは、それぞれでしょう。しかしつまるところ、「自分を幸せだと思えるかどうか」ではないでしょうか。

どんな状況であれ、たとえ周囲の誰からも「あの人は不運不幸だ」と思われていたとしても、本人が「それでも自分は幸せだ」と思えるのなら、それが幸福といえるでしょう。

そうなると、「幸せな人」とは、「自分を幸せだと思えるような強さを兼ね備えている人」ということになります。

みずから幸せになろうと努力し、力強く生きる人こそが、この社会を明るくし、良き国柄を形成していくのです。それを思えば、個人も国も一如《いちにょ》であると考えることができます。微力ではあるけれど、この国を良くしたいという思いを心中に抱き、そのために努力した人は、結果がどうであれ、幸せを感じることができるでしょう。

多くの人がサムライに憧れるのは、どんな苦境にも屈しない強さ、大らかさ、明るさ、優しさゆえであり、その姿が美しいと感じるからにちがいありません。

そして、どの親も子供には幸せになってほしいと願うものです。自分の子供が、どんな困難にも負けることなく人生を切り開き、「自分は幸せだ」と思いながら力強く生きていってくれたら、親としてこれ以上の喜びはありません。

先に、「武家の教育とは人格の形成である」と述べましたが、それは同時に「幸せに生きていく力」をやしなうものでもあるのです。

二十一世紀は極めて変化の著《いちじる》しい時代です。かつてないほど厳しい状況が訪れることがあるかもしれません。このような「変化の時代」だからこそ、武家の教育に学びたいものです。

第一章

武士の教育・基本原則

どんなことにも基本となる理念があります。

しっかりと根を張り巡らせた樹木が強風にしなりながらも、倒れることなく立ち続けるように、基本・根本がしっかりしていればこそ、臨機応変が可能になります。

これを生き方に置き換えてみると、普遍的な教えに則ってこそ、その人ならではの個性を活かすことができ、また、時勢に柔軟に応じることができるということです。あるいはまた、時に迷いが生じた時に、基本に立ち返ることができれば答えも見えてくるものです。

この章では、武士の教育の基本原則となる五つの教えを選びました。若干重複するところもありますが、親としてのあり方を問うものであると同時に、子を教育していくうえでの覚悟を求める内容となっています。

現在の感覚からすると、かなり厳しいと感じられるかもしれません。しかし、日本人の民族性が国際社会に於いて尊敬されるようになったのも、祖先がこれほどまでの覚悟をもって子を育てていたからかもしれません。

また、これほど厳しく諭されるということは、この当時も親としての自覚が足りないと見られていたのでしょう。

いずれにしても、本質を鋭く突いている子平の教えを、謙虚に学びたいものです。

1 人の善悪と実不実は「生まれつき」にあらず

人の善悪や、誠実か不誠実かということは、生まれつきによるものではない。ひとえに父兄の教訓・育て方によるものだ。

父親自身が道徳を学ぶ術を知らず、また学ぼうともせず、子供たちを野放しのように育てておきながら、道徳をわきまえた人が、その子供をよく教訓し、人の道に適うように育て上げているのを嫉妬するようなことがあれば、まったくもってのほかである。これは子供の咎《とが》でない。むしろ父親の愚かさや無頼さを証明しているようなものだ。恥を知りなさい。

子供の善悪邪正は、十のうち一分くらいは生まれつきもあるかもしれないが、九分は父親の教えによる。子供が手に負えないとすれば、それは父親の愚かさや蒙昧さによるものであり、臣下が悪いのは主君の暗愚に極まる。子を見れば親が知られ、臣下を見れば主君の賢愚もわかるとは、よくいったものである。

遺伝学の進歩に伴い、私たちの顔かたちや体質はもちろん、性質についても遺伝的要素が関係していることがわかってきました。

その一方で、後天的なもの、広い意味での環境というものが、いかに人格形成に影響を及ぼすかということも明らかにされています。

子平は「生まれつき悪い子はいない。生まれつきというのがあっても全体の一分にすぎない」と喝破しました。

これに対して、中江藤樹《とうじゅ》は「生まれつきはさまざまあるため、一概に教育法といっても論じがたい」と『翁問答《おきなもんどう》』という教育書で述べています。そのうえで、「だからこそまず道を教えて本心の孝徳を明らかにすることを、教えの根本としなければならない」としました。このように両者の立脚点は若干異なりますが、基本・根本は「人の道を教えること」という点で一致しているのです。どんな性質の子供であろうと、徳がなければその個性を活かすことができないというわけです。

たとえば他者に対して思いやりが持てるかどうかという「礼」などは、社会で生きていくうえで欠かせないものですが、教育しなければなかなか身につくものではありません。最近の研究により、ゼロ歳児にも他者を思いやるような行動が見られることがあきらかにされていますが、躾をしなかったら、元来備わっている思いやりを伸ばすことは難しいでしょう。

気持ちのよい挨拶や返事ができること、「ありがとう」「ごめんなさい」が素直にいえること、丁寧な言葉遣いで話ができるかどうかや、食事の時に不作法な食べ方をして周囲を不快にさせないかどうかということも、すべて家庭での躾によるものです。

ある年齢に達しても、こうしたことができない人は人間性さえ疑われかねません。たとえ本人に悪気がないにしても、結果的に周囲を不快にし、振り回してしまうのです。そのような存在であれば、「正しく善良な人」だと受け止める人はほとんどいないでしょう。

子供が人の道を知らず徳を備えない理由が、「親自身が道徳を学ぼうとしない」とするところは、謙虚に受け止めたいものです。

翻っていえば、子を教え育てるということは、親もまた道を学び直す良き機会なのだということになります。

親自身が学ぶ姿は、言葉以上の教育になるにちがいありません。

2 子に与えるべきは生きていく力

八徳を知らずに甘やかされて、我が儘いっぱいに成長した子供は、忠孝も知らず、義理も恥も知らないために、何事にも反省するということがない。そして、年頃になるにつれ欲のままに行動するため、色情に流され、物欲のために金遣いも荒くなる。

これでは当然ながら忠孝を損ない、恥を恥とも思わず、義理を欠くことにもなる。それでもなお情欲を止めることができないため、様々な工夫をしてまで色欲を満たそうとし、金銭を浪費し、ついには父母の許しも得ないまま女性を家に連れ込んで同棲したり、詐欺まがいの方法で大金を入手するようなことまでしでかす。

こうして無頼・不作法は日々月々に増長した結果どうなるか。

我が子がその身を危うくし、その名を汚すばかりか、年老いた父や母にまで危難の思いをさしむけることになるのだ。

これは子の不躾・不作法であることには変わりない。

しかし、そもそもこのように育てあげた親の不調法は、どうであろう。たとえようもないほどではないか。

父親たるもの、このことを心深く思うべきである。

子平の言葉には、思わず背筋をひやりとさせられます。子供というのは実に可愛いもので、ついつい甘やかしてしまいそうになるものです。それが孫ということになると、まさに目の中に入れても痛くないというくらいになるのだとか。

晩婚化が進み、昔のように何人も子供を産む人は少なくなり、一人っ子も多くなりました。得てして子供は我が儘放題になり、周囲の大人もそれを許しがちになります。序章で江戸時代は育メンが当たり前だったということを述べましたが、実は、孫育ても当たり前でした。若い夫婦は仕事や家事に忙しく、とても子供の世話まで手が回りません。そのため隠居した祖父母が面倒を見ていたのです。文献を繙いても、「祖母から（または祖父から）このように躾けられた」という回想が散見されます。

ただ異なるのは、当時の家庭、特に武家では、祖父母が親以上に厳格だった点です。むしろ我が子である親が子供をつい甘やかしてしまうのを、たしなめているほどです。経験が少ない親というのはこれだからこまるとばかりに注意し、注意された側も素直に聞き入れているのです。親と祖父母が教育方針で一致していれば、子供も迷いを抱かずに済むでしょう。

幼い子供は我が儘なものですが、それをただひたすら「小さい子などこんなものだ」と放置して、辛抱させることを教えないと、結果的に、その子が辛い目に遭います。

「子供はのびのびと自由に育てたい」と望む親は多いものですが、自由で伸びやかなことと、やりたい放題で我が儘なことを取り違えている場合が少なくありません。

本来、自由とは実に厳しいものです。なぜなら、すべて自分で責任をとることを義務とするからです。

のびのび育てたいという気持ちは理解できますが、ごく幼い頃から子供の好きなようにさせることが、本当に自由なのか、それが子供のためになるかどうかということを考えたいものです。

もし家庭で、食べたい時に食べたいものを食べ、気に入らない時はひっくり返って泣き叫ぶことで、自分の意のままにしていたら、その子にとって世の中は極めて厳しい、生きがたいものとなるでしょう。また、いずれはほかでもない自分自身こそが御しがたい存在であると苦しむことになるかもしれません。

欲のままにしか生きられない状態は、結局は本人を苦しめるのです。子平の言葉は厳しすぎるように感じられますが、そんなことになっては親も子も不幸だと思うあまり、強く述べざるを得なかったのでしょう。

本当に子供にのびのびと自由に生きてほしいと望むのなら、私欲から自由になることこそ教えたいものです。

私たちのこの肉体は「欲そのもの」であるといえます。生きている以上、完璧に欲を滅することはできませんが、コントロールすることは可能です。八徳を学び身につけることは、欲をコントロールする術を得ることでもあるのです。

3 「姑息の愛」に陥るな

道を学ばない父親は、その子の善悪邪正に対して少しも心を掛けずに、ただ可愛いと思うままに愛するばかりで、十九、二十歳になっても子供扱いし、我が儘いっぱいに育ててしまう。道を知らずに育つと悪に染まりやすくなるため、ついには無頼人となり、そうなると父親は子を捨ててかかってしまう。

何度も言うが、人の賢愚・善悪は教えにあり、生まれつきではない。教えれば賢・善となり、教えなければ愚となり悪となる。愚人を教え導くことを教化というが、「化」は、「かわる」とも「ばける」とも読む。このことから、きちんと教えれば愚が賢にかわるということがわかるであろう。

幼稚園や保育園の教職員や園長から、近ごろ子供を注意することさえできない親がいるという話を聞いたことがあります。それも一度や二度ではありません。

特に父親が、子供が明らかに悪いことをしても、注意さえできずに黙認しているとのことです。そういう父親を、妻が子供の前で叱り飛ばす光景も珍しくないそうです。ちなみに、子供を注意できない父親に、その理由を問うたところ、「子供に嫌われたくないから」という答えが返ってきたということです。なかなか恐ろしい事態というべきでしょう。

これでは、いくら子供の世話を父親がしてくれたとしても、教育するうえでの母親の負担は増える一方です。苛立ちから夫をたしなめる気持ちは痛いほど理解できますが、子供の前では、嘘でもいいから父親を立てておくほうが、その子のためになるでしょう。

ひたすら子供の機嫌を取るような接し方は、一見、極めて優しいお父さんのようで、実は本当に可愛いのは自分だけなのかもしれません。そう考えると、「子供に嫌われたくない」といった父親は、非常に素直です。

子平は「ついには父親は子を捨ててかかってしまう」と心配していますが、自分だけが可愛い父親なら、なるほどそうかもしれません。

このように子供を甘やかしてしまうことを、江戸時代は「姑息《こそく》の愛」といいました。武士階級から庶民に到るまで最も読まれたといわれる貝原益軒の『和俗童子訓《わぞくどうじくん》』には、「小児がききわけがないのは、悪いことをしても許し、子供のいいなりに褒めるばかりで、その子供の本来の善良な性質を損なう故だ。あるいは、なかなか泣き止まないからと、欺きすかして、姑息の愛をなす。これは誠ではなく、偽りを教えていることになる」とあり、このように「姑息の愛」で育った子供は、「かたちは人であっても、その心は禽獣《きんじゅう》に等しい」と手厳しく述べています。

武家の教育を表した言葉に、「獅子は千尋《せんじん》の谷に我が子を突き落として教育する」というものがあります。それほどまでに厳しい教育をあえて施したのは、それでこそ人の上に立つ覚悟が育まれると考えられていたからでした。

人の上に立つ立場は極めて孤独です。しかも常に規範を見せておかなければ誰もついてきてはくれません。その厳しさに耐えることができるように育てなければ、その子が不幸になってしまいかねません。それを思えば、厳しく育てざるを得なかったのです。つまり愛するが故の厳しさであるというわけです。

私自身の経験で恐縮ですが、子供に厳しくするのは非常に大変でした。文字通り心を鬼にして叱ったことも多々あります。子供が自分で立ち上がるまで、手出ししたいのをぐっと我慢して待ち続けたこともあります。

正直なことをいえば、これで大丈夫なのかと何度も迷い、不安に駆られました。愛情ゆえの厳しさであるのかどうか常に自分に問いかけていましたが、答えが得られなかったことは何度もあります。そのあげく、私が得たひとつの方法は、厳しく教え諭した際に子供が必死に応えようとしたのが見えたとき、また、自分で立ち上がったときに、思い切り抱きしめることでした。

今にして思えば、子供を抱きしめながら、私は自分の中にある不安をも抱きしめていたのです。そして、不出来な親であるにもかかわらず、子供なりに必死に応えようとしてくれていることに、心から感謝の念を抱いたものでした。

子平は「教化」ということを述べています。教えられ、変化するのは、むしろ親のほうかもしれません。

4 孝・悌・忠・信・勇・義・廉・恥は人の土台なりと知るべし

子供に人の道を仕込むには、孝・悌・忠・信・勇・義・廉・恥は人の土台なりということを知るように育てるとよい。この八徳を学ばなければ、人の道は立たず、一身修まらず、その姿は見苦しくなり、万事手前勝手に振る舞うようになる。このことを私は憂えるがゆえに、八徳を第一に教えるのである。

まずは八徳を第一に教えて、その子供の基本的人間性を立つようにするのだ。さらにそのうえで、その子供の性質や才力次第で様子を見ながら、高度な徳術を教育するとよいだろう。とにかく、八徳を土台として、教え導くようにせよ。

ここでは子平のいう八徳について述べられています。

子平は子供の教育の土台となるのは、孝悌忠信勇義廉恥としました。

一般的に武士道に於ける八徳といえば、「仁・義・礼・智・信・忠・孝・悌」とされています。これは五常の徳といわれる「仁・義・礼・智・信」に「忠・孝・悌」を加えたもので、儒教思想からきています。

武士道の基本ともいえる八徳が「仁」を第一にしたのに対して、子平は、まず「孝」を第一にして、続いて「悌」をもってきています。祖父母や親など目上の人を敬うことを第一とし、同時に年少者や地位の低い者など自分より弱い立場の者に対して思いやりを持つことを上位にしているのです。

目上の人を素直に尊敬することができ、弱者を慈しむことができてこそ、真の忠心も育まれると考えたのでしょう。

ちなみによくいわれる忠とか忠義とは、本来、双方向でした。つまり、家臣が一方的に主君に尽くすのではなく、主君も家臣のために尽くし、守ろうとするのです。もし主君が道に適わないことを行おうとしていたら、それを誠心から意見するのが真の忠義であるとされました。

このようなあり方について、幕末に来日したデンマークの海軍士官、エドゥアルド・スエンソンが興味深い記録を残しています。

日本人はめったに物怖じすることがなく、年若い青年が自分よりも身分の高い人に対して、率直で開けっぴろげな会話をしているのを目にしたと述べたうえで、「青少年に地位と年齢を尊ぶことが教えられる一方、自己の尊厳を主張することも教えられているのである」としているのです。

さらには、次のような記録もあります。

「日本の上層階級は下層の人々をたいへん大事に扱う。最下層の召使いが主人に厳しい扱いを受けたなどという例を耳にすることさえ稀《まれ》である。主人と召使いとの間には通常、友好的で親密な関係が成り立っており、これは西洋自由諸国にあってはまず未知の関係といって良い」（前出と共に『江戸幕末滞在記』エドゥアルド・スエンソン著　講談社学術文庫）

未知の関係とまでした良好極まりない上下関係は、まさに誇るべき日本の美質でしょう。

このようにして理想的な上下関係を築くことができれば人からも信頼され、また、その信頼を裏切らないために誠実であろうと努力するようになります。つまりおのずから「信」の徳も育まれるということです。

勇と義は、孔子の「義を見てせざるは勇なきなり」の教えのとおり、人として正しい行いを貫こうとすれば、しばしば勇気が必要となります。会津藩士の教え『日新館童子訓』では、日々勤め励んで自分に打ち勝ち善の道に進むことが勇気であり、欲に引きずられるのは勇気がないからだとしています。こんなことで、どうして物事に責任を果たすことができようかと、さすが会津、厳しく教えています。

こうした基本となる徳を支えるのは、廉恥《れんち》です。

「そんなことで人として恥ずかしくないのか」といわれることは、武士にとって最も辛いことでした。なぜなら、遠からず「卑怯者」を意味するからです。

ただし、現在は「恥ずかしくないのか」という観点も、ずれているといえます。廉恥とは、あくまで「自分の良心」や「天」に照らし合わせて、恥ずかしくないかを問うものです。「他者からこんなふうに見られたら恥ずかしい」ということだけではありません。

5 良くも悪くも父親が手本

人の身の上に甚だ恥ずかしいことがある。

その子が無頼で不作法である様子を目にすると、その父の愚かぶりが見えてくる。その父の愚かぶりが見えてしまう以上は、その祖父もいかばかり愚かであろうかと思いやられるばかりである。孫一人の愚を見れば、父親と祖父と三代先までの愚が一目瞭然であるというわけだ。これが天下一の恥ずかしいことである。父兄たる人は眼目を開いて工夫あれ。


人として何が最も恥ずかしいことかといえば、子供を教育することを知らず、代々愚かしいあり方を継承してしまうことだ。

祖国をいかにして守り、子々孫々に継承していくかということに、常に心を向け続けていた子平ならではの発想でしょう。

それくらい家庭教育というものは先々まで影響を及ぼすものであるということを子

平は教えているのです。もし家庭教育を軽々でいい加減なものにするとしたら、いつしか日本は滅びかねない、というわけです。

子平は「人の善悪とは生まれつきではない」と述べていますが、そもそも日本では性善説が基本です。江戸中期の儒者・稲葉迂斎《いなばうさい》が幼君を指導するうえでの教訓書として記した『幼君補佐の心得』には、「人の性のもと善なる事は（中略）、仁義礼智のきよく明らかなること、唐土・大和、いにしえ・今の、へだてなし」とあります。大意は、人はもともと徳を兼ね備えているものであり、それは古今東西変わらないということです。また同書では、私たちが本来持っている心の本質ともいうべきものは、天と同じく尊いもの、天そのものであるとさえ述べています。

人間の本質が天に等しいほど尊いものであるとするからこそ、天に背き欺くようなあり方が恥とされた。そうなると、代々教育をないがしろにすることを、子平が「天下一の恥」とまで断じたことがわかってきます。

「父兄たる人は眼目を開いて工夫するように」と、ここでもくどいくらいに「子供の不作法は親の責任」ということをいい含めています。「工夫」というのは、みずから道を学んで実践せよということでしょう。学ぶという言葉は、真似るからきているとはよくいわれることですが、実際、子供というのは教えたとおりにはなかなかしませんが、親がすることを良くも悪くも真似するものです。

山鹿素行は『山鹿語類』に収録した教育論「父子道」で、「幼い頃の子供は自分の父を超えるほどの人は天下にはいないというくらいに思うもので、ゆえに言動のことごとくを父を手本とする」と述べています。

徳を教育するのは難しいことに感じられますし、ましてや「子供のことは親の責任だから、まずは自ら道を学べ」などと諭されると、かえって気後れしそうです。

しかし、「子供に真似してほしいことを自分が行えばいい」と考えれば、少しは気が楽になるのではないでしょうか。

子平が教えるように、古今東西、素晴らしい教育書が数多くあります。また、教育書に限らず、小説や映画、お芝居などあらゆるものから、人として尊敬できるあり方を学ぶことができます。

自分に合った方法で行うこと、楽しいと思えるやり方で実践することも、「工夫」といえるでしょう。

第二章

武士の教育・人物の土台づくり
——乳幼児期の子育て

第一章では教育の根幹となる五つの原則について述べました。ここからは具体的な内容となります。

第二章は乳幼児期についての教えをまとめました。

乳幼児期でも三歳までの教育は、昔は家庭中心で行われていました。しかし昨今は保育園に入園させることも少なくなく、家庭と教育機関との二人三脚で子供を躾けることも少なくありません。

それでも子供に強い影響を与えるのは、保育士よりも肉親でしょう。特に幼児期は母親の影響が大きいものです。お母さんがイライラしていると子供まで不機嫌になるなど、まるで目に見えないへその緒で繋がっているかのような影響力です。

それに対して父親の影響は時間差があるようです。幼児期に与えたものが思春期ごろからだんだんと表出してくるのです。

それを念頭にいれてか、子平が述べる幼児期の教えは、常に子供が十三歳以上になる頃に、どのような事態が予想されるかが語られています。

幼児期の教育は母親が主導権を握ることにはなりますが、父親も気を抜くことなく子供と接していきたいものです。

その際、大切なのは、父と母、祖父母など、周囲の大人が教育方針を一致させることでしょう。保育園などに通わせている場合は保育士とも相談し、互いに歩み寄りながら子供を教えていきたいものです。

私が祖母と暮らしたのは十二歳までのことで、まさに乳幼児期から思春期直前という時期でした。その時に教えられたことは、人間性の基礎となり人生の礎になっています。

私自身が親になって、つくづく感謝したのは、父も母も祖母の流儀に則って私を躾けてくれたことです。もし、「おばあさんの言うことは今の時代では古くさいだけだ」というようなことを父や母からいわれたり、また、たとえ言葉にしなくとも「父母は祖母とは異なる考えらしい」と感じるようなことがあったなら、私の価値観はどうなっていただろうかと考えます。

そのようにして大人たちが互いに譲り合い、歩み寄る姿そのものも、生きた教えとなることでしょう。

6 教育は胎教から始めよ

子供を教えるうえで大切なのは、和漢今昔、胎教の法である。胎教とは、その子がまだ胎内にあるうちから教えることだ。その教え方については諸書に記してあるが、ひとことでいえば、妊娠中の母親の心持ちを正しくするまでのことである。

さて正しくするといっても、妊娠十ヶ月の間、別に気を詰めて窮屈な憂き目をすることはない。ただ、大食・大酒、あるいは淫乱・不作法の出逢い、または他愛もない物見遊山、ならびに、こま・めくり等の楽しみ、または淫奔《いんぽん》なる踊りや長唄などを見たり聞いたりせず、体調を崩したり、心が流されたりしないようにしながら暮らすまでのことである。

いずれにしても、母たる者が胎教ということをよく理解して穏やかに過ごせば、それが胎内の子に通じるため、その子は不正の気を受けず、必ず聡明・正直になる。これは私の戯《ざ》れ言などではなく、母と子が感応するのは自然の妙であるのだ。

かくの如く大切なことであるから、女性は胎教ということを知らずにいることなどできようか。この胎教の道を教えることは、これもまた父親としての役割であり、父親の道でもある。

江戸の教育書を学ぶようになるまで、私は胎教は西洋医学からもたらされたものだとばかり思い込んでいました。というのも、出産の時に読んでいたマタニティ雑誌に、欧米では、お腹の赤ちゃんによい音楽を聴かせたりする胎教が行われている、という情報があったためです。それだけに江戸時代に胎教があったことを知った時は驚きました。しかも、大半が育児は胎教からとしているのです。

胎教は、もともとは中国の『烈女伝』などで説かれていました。多くを漢籍から学んでいた日本も、おのずから継承することになったのでしょう。

胎教とも関わり合いますが、江戸時代の養育書には、妊娠一ヶ月から十ヶ月までの間に胎内で胎児がどのように育っていくかを解説しているものもあります。

江戸中期の医者・香月牛山《かづきぎゅうざん》の『小児必用養育草《しょうにひつようそだてぐさ》』はそのひとつで、「一月は珠露のごとく、二月は桃の花のごとくして少しくその形をあらわし、三月に男女の形分かれ、四月にその形全くそなわる……」などとあります。表現が独特ではありますが、意味するところを汲むと現代医学で明らかにされていることと変わりないことがわかります。

ちなみに同書には、「乳母の飲食、すなわち乳汁と通ず（母が飲食したものが、そのまま母乳に出る）」ということが書かれており、今でいう「母乳指導」まであります。

子平は胎教といっても難しく受け止めることなく、「とにかく母親が心身ともに明るく穏やかに、落ち着いて過ごすことだ」と教えています。現在でも、まず医師や助産婦からいわれることです。

また、食べ過ぎたり、大酒を飲んだり（わずかなアルコールでも胎児に影響があることは周知のとおり）、あるいは色欲を刺激するような諸々のことを遠ざけよとしていることにしても同じです。

「こま・めくり等の楽しみ」は、今ならさしずめスマホゲームといったところでしょうか。ゲームに夢中になっていると思いがけず長時間、同じ姿勢をとってしまうことがあります。お腹の赤ちゃんが圧迫されて酸素が不足する可能性が否めません。電磁波が脳や細胞に与える影響も心配です。

一方、現代とまったく異なるのは、「胎教の重要性を夫から妻に教えよ」というところです。むしろ今は妻から胎教の大切さを教えられるケースが大半でしょう。

妻に教えるとなれば、まず父親が率先して胎教について学ぶ必要が出てきます。江戸時代の胎教では、夫も徳を学び、実践することが胎児に良い影響を与えるとするものがほとんどです。すると、子供が生まれるころには、道徳がそれなりに身についているということになります。第一章の五原則には、まず父親が自ら学べと一貫して述べられていますが、自らも徳を学び実践する「父親の育児参加」は、妊娠中から始めよということを子平は暗に教えているのでしょう。

育児どころか妊娠まで妻任せにしない。なるほどこれなら父親としての自覚も芽生えそうなものです。

7 家の内にて行儀正しくすることを第一に教えよ

子供を教育する際、まず家の中で行儀正しくすることを第一に教えるとよい。ただし、正しくするといっても、みだりにしゃちほこばって窮屈になれといっているわけではない。ただ父兄や祖父などの年長者、賓客などの前で、あくびやのびをしたり、寝そべったりあぐらをかいたりすることや、朝寝坊をしたり昼寝をしすぎたり、人より先に物を食べたり、買い食いをしたり、好物ばかり食べること、そのほか、万事手前勝手なことをしたり、経済的に恵まれない人や弱者を軽んじたりすることなどは人の不徳であるから、これらのことを決してしないように、よくいい聞かせ説き聞かせるようにするのだ。とにかく、子供はこうしたことをしてはならないのだと、信切(親切)に教え立つることが肝要だと理解してほしい。

子平が説く八徳の中には「礼」が含まれていません。しかし、このように家庭の中で、まず第一に行儀を教えようとしています。礼を八徳に入れなかったのは、当然の徳目だからなのでしょう。

礼は社会性を身につけるうえで必要不可欠です。江戸時代の養育書の中には、赤ん坊がよちよち歩きを始めるころから礼儀を教えようとするものまであるほどです。

幼い頃から日常的に行儀正しくすることは、行動を通じて年長者を敬い、他者を思いやることを学ぶことに繋がるのでしょう。そのほうが知識として頭で覚えるよりも、心が伴いやすくなります。

「窮屈になれといっているわけではない」というところからしても「お作法」としてではなく、ごく自然な思いやりある所作として身につけてほしいということが察せられます。特別な席に出るのでなければ、家庭で見苦しくない程度の立ち居振る舞いを身につけることで、さしあたっては問題ないといえるでしょう。

私が家庭で教えられた行儀についてのことで、今でも大変役に立っているものがあります。それは、「自分の立てる音を聴け」というものです。歩く時、ドアの開閉、食事の時など、どんな時でも、自分がどのような音を立てているかをよく聴きなさいといわれました。そして、大きな音を立てないよう、できるだけ静かにするよう心掛けるのです。

すると不思議と指先足先まで神経を行き渡らせることになります。その結果、動作が丁寧になるというわけです。

極めて簡単で単純な教えですが、それだけに応用が利きます。

子平はもっと具体的に、「あくび・のび・寝そべる・あぐらをかくなどの行為や、朝寝坊・昼寝・見苦しい食べ方・身勝手な振る舞い・また、他者をバカにする」といったことをしないようにと諭しています。たぶん多くの人が「こんなことは、しないのが当たり前ではないか」と感じるのではないでしょうか。

その当たり前のことを子供に教えているかどうかが問題です。意地悪なことをいうようですが、幼い子のいるご家庭を訪問した際に、その子が、このような振る舞いをするのに出くわしたことは一度や二度ではありません。しかし、我が子がどうだったのかと想い出してみると、今更ながら反省するほかありません。忙しい中で子供を教育しようとすれば、よほど意識をしっかりと持たねばならないのだと、これもまた今更ながら思います。

8 「三つ子の魂、百まで」を忘れるな

子供を教えるには、第一に父兄および年長者の申すことをよく聞き受けて、少しも背伸びすることとなく、義理と恥を専らにして、どんなことにも骨惜しみをすることなく、粗末な物を食べて、骨の折れるような仕事はすすんで行うように心掛けよということを、よくよくいって聞かせるとよい。

実に「三つ子の魂、百まで」という諺《ことわざ》のごとく、幼少の時の習慣というものが老年までもつきまとうものなのだ。この心持ちをよく理解して子弟を教育することが、胎教に続いての大事であると知っておくように。

このところ日本で伝承されてきた「三つ子の魂、百まで」という躾についての格言を「神話」だとする意見があるようです。また、その意味するところも、どうやら正確に理解されていないようです。

ごく簡単に言えば、三歳ころまでの経験が人間としてのあり方の根本になるため、

老年になっても時には本人の意図とは無関係に思考や行動に影響を及ぼすということを意味しています。

「三つ子の魂、百まで」は科学的に見ても正しいとする研究者も少なくありません。特に脳科学では、脳細胞の発達は三歳までが著しく、八十%が完成するため、それまでの教育が子供の能力的な発達や人間性に影響を及ぼすと分析されています。ちなみに、その後の発達は徐々に緩やかになり、おおむね六歳で九十%が完成することがわかっています。いかに幼児期の教育が大切であるかがわかります。

よい人生にしたいなら良い習慣を身につけることだ」ということは多くの人の知るところですが、幼児教育とは良い習慣を習得させることだといっていいでしょう。ものごころつく前に体に染みこませた良い習慣ほど強いものはないかもしれません。まったく「胎教に続いての大事」です。

「どんなことにも骨惜しみをしない」「骨の折れるような仕事はすすんで行うように」ということについては、少し説明をいたしましょう。

昔の家庭は子供も大切な労働力でした。これは武家から庶民まで一貫しており、年相応に家のことを手伝うのが当然でした。

以前、水戸徳川家の流れを汲む松平洋史子《よしこ》さまと対談した際、「自分のことは自分ですることや、お掃除など家事のお手伝いは当然でした」とのお話を伺って、「おつき（教育係）がいてもそうなのか」と感心したものです。それどころか、ぞうきんの絞り方から廊下のぞうきん掛けのやり方まで、大変な厳しさで指導されたとのことでした。まさに骨の折れる仕事を自分からすすんで行うように教えられていたのです。

親としては、子供には自立してほしい、何事にも積極的になってほしい、我慢強く前向きであってほしいと望むものです。が、言葉でその大切さを説明したところで、なかなか身につくものではありません。やはり経験を通して身につけるほかないでしょう。

家事労働は、自立心や積極性、忍耐力など、数多くの学びを得るかっこうの機会ということができます。

この時、親がイライラして手助けしてしまうと子供の学ぶ機会を奪ってしまいます。それを思えば、子供がやり遂げるのを待つのは、親の忍耐力をも鍛えることになります。

「子育ては待つことである」と教えられたことがありますが、正に言い得て妙です。

9 読書・手習い・運動など親自らまず行え

子弟の教育には、父兄たる人が、読書・手習い、および学業や運動など、怠ることなく自ら執り行うようにすべきである。すべて幼少の者は、どんなことでも人真似をする。その中にも、天然の血筋にて、父兄は特別でほかに並ぶ者がないとまで思うため、何事も父兄の所業を手本にするものだ。すると、子弟は自然に八徳および学業や運動をも身につけ覚える。叩いたり叱ったりすることなく、身を以て子弟を導くことになるわけで、これを徳行というのだ。このようにすれば、わざわざ厳しく戒めたりせずとも子供は素直に従うものだ。

特に教えたわけではないのに、気づいたら子供が親とそっくりな仕草をするようになっていたというのは、実によく聞く話です。

子平は「子供にとって父親はほかに並ぶ者がないほど特別な存在だ」としていますが、家庭の中にある幼い子にとっては、親が世界そのものといっても過言ではありません。

自分が子供にとって世界そのものだということは、その責任の重さもさることながら、一方で親としての喜びこれに勝るものはないでしょう。

ある人から、「最も尊いのは後ろ姿で導く人だ」ということを、一篇の詩を通じて教えていただいたことがありました。それは安積得也《あづみとくや》の「うしろ姿」という詩です。「語る人貴し／語るとも知らで／からだで語る人／さらに貴し／導く人貴し／導くとも知らで／うしろ姿で導く人／さらに貴し」（詩集『一人のために』収録　善本社）

言葉で教え諭すことは親と子のコミュニケーションにもなり、語ることによって親自身も学ぶことになります。語る内容が行動に表れていれば、説得力は増すでしょう。

しかし、特に子供の教育ということを意識することなく、親自身が喜びを感じながら体を鍛えたり、様々なことを学んでいたとすれば、子供は学んだり鍛えたりすることは、とても楽しいことなのだという感覚を、自然と抱くことになるでしょう。まさに「導くとも知らず、うしろ姿で導いている」ことになります。

このような幼少期の体験は、心理学的には潜在意識に刻まれるのでしょう。潜在意識は八割とも九割ともいわれ、私たちの行動を決定しているのは潜在意識だといわれています。

幼い子供を持つ父親は働き盛りの年代でもあり、子供に「うしろ姿」を見せようにもなかなかできない状況かもしれません。しかし、たとえ三十分でも本を開いて学ぶ姿を見せることは、まったく無駄にはなりません。一日のうちでは三十分にしかなりませんが、一ヶ月、一年間と続ければ、その姿は子供の心に刻みつけられるはずです。

それに、「たまに」だからこそ強い印象を残すものです。やがてはそれが、その子にとっての「お父さん像」になることでしょう。

10 遊び友だちを選ぶべし

子弟を教育するには、遊び友だちを選ぶとよい。「朱に交われば赤くなる」という諺があるように、善い人と交われば善となり、悪人と交われば悪となるものだ。幼少だからといってこうしたことを放置して無慙《むざん》・放逸の人と交流したり、遊んだりすることがないように注意せよ。また、家庭教師なども、その人柄を見て、よくよく選ぶべきである。

日本では伝統的に友を選べということが教えられてきました。前出の江戸中期の儒者・稲葉迂斉は「幼君は、ただ常に善き人におおく交わるを第一の教えとす」（『幼君輔佐の心得』）と、友に限らず善人と交わることを第一とし、そうでなければ、たとえ良書を読もうとも、千日の努力が一日で失われてしまうとまで述べています。

このように強い影響が及ぼされることを、子平は「朱に交われば赤くなる」という諺《ことわざ》を引用して示しています。類似するものに「水は方円の器に随《したが》う」という諺があり、心の柔順さを説くと同時に、だからこそ「入れる器を選ばなければならない」、つまり、交流する友を選べということを教えています。

幼児は単純素直なだけに、ただ表向きばかりを真似します。乱暴で思いやりに欠ける言動を当たり前に行う人の傍にいれば、たちどころに染まるのが目に見えています。

昨今の風潮からすると、子供の遊び友だちを選ぶなど差別的な発想ではないかと思う人も中にはいるかもしれません。

もし、本当に分け隔てのない交流を子供に望むのなら、意思も価値観もしっかりしてからでも遅くはありません。しかし、その時には、子供は自分で友だちを選ぶようになっています。そうなると親というのは、良い友だちを選んでほしいと思うものです。身勝手といえば身勝手です。

また、「遊び友だち」といわれれば、選ぶなど差別的だと感じられるかもしれませんが、それが家庭教師ということになればどうでしょう。徳性も学力も低く、教えることも極めて下手な名ばかりの家庭教師を、どの親が選ぶでしょうか。そんな先生は手本にならないと、ごく当たり前に思うはずです。

そうなると「差別的」との判断も、相手や状況によって変化する極めてあやふやなものでしかないと認識せざるを得なくなります。

このようにひとつひとつのことについて、親みずからが自分の心の動きや価値観、判断の理由などを検証していくのも大切なことです。

11 上の子には「兄たる道」を教えよ

人の兄となったなら、その弟を愛し、知らないことを教え、できないことを手伝ってやり、思いやりの心で仲睦まじくすることが、兄のなすべきことである。しかし、たいていの兄の多くが道を知らないため、弟をもてあそんだり、馬鹿にしたりする。それがため、その弟も兄を敬うことなどできず、かえって怨み怒り、兄弟不和を生じてしまう。このようなことは、甚だ見苦しいことである。その見苦しいのは、弟が兄を敬わないことが原因のように見えて、実は兄が弟を嘲弄《ちょうろう》することこそが根本的な問題なのだ。

さてまた、兄が弟を嘲弄するのは、いったい何が原因でそんなことになるのかと穿《せん》鑿《さく》してみると、その父親が上の子に兄の道を教えていないことによる。このことをよく呑み込んで、父親は、その子をよく教えなければならない。

家社会だった日本では、基本的に長男を跡継ぎとしていました。武士階級に限らず、その土地の名主、豪農、老舗商家などにしても、家を存続するために男子の誕生を切望したものです。そのため長男は特別扱いされました。

旧彦根藩井伊家の家庭教師兼伝育主任を務めた高橋敬吉が家庭の思い出を綴った『彦根藩士族の歳時記』（サンライズ出版）には、初孫でもある長兄が、いかに優遇されていたかが窺い知れる内容があります。

元旦の朝、嫡男が若水を汲む風習がありましたが、祖父母は長兄に風邪でもひかせては大変といって起こさず、代わりに次男である自分が井戸端に出て、手も凍りつくような霜で真っ白になった釣瓶《つるべ》竿を握り若水を汲んだというのです。どうやら一事が万事この調子だったようで、下の妹や弟たちが長兄を「ずるい」といって承知しないと、なおさら祖母がかばうため、かえって兄に対していっそうの反感を抱くことになったと高橋敬吉は回想しています。

現在は、もはや家社会ではありませんし、これほどまでのあからさまな特別扱いを長男がされることもなくなりました。それでも、やはり上の子というのは、どうしても大事にしてしまうものです。そして上の子が優先されてきたことを、下の子は不思議なくらい敏感に察知します。たいていは仕方ないと諦めるようですが、時には反抗心から兄弟げんかになることもあるようです。

別にけんかになったところで、たいした問題ではない、むしろ人間関係を学ぶ第一歩になるのではないか、などと私は考えるのですが、子平は兄弟が争い合うことがないように、早いうちから上の子に兄の道を教えようとしています。

ということは、まだ下の子が生まれないうちから、上の子には「弟や妹を思いやれ」と教える必要があるということになります。

一人っ子が珍しくなくなった現在、下の子が生まれるかどうかもわからないのに、教える必要があるのでしょうか。

が、そもそも年少者など弱い立場の者を思いやれという「悌」の徳は、弟や妹にのみ向けられるものではありません。それを思えば、下の子が生まれるか否かではなく、最初から年下の子をいたわるように教えておけばいいのでしょう。

ところで、肉親という最も身近な関係というのは、徳をもって接することが難しいものです。親子、夫婦、兄弟姉妹などには、無意識のうちに甘えが出てしまうのか、つい互いを思いやることを忘れてしまいがちです。

この教えを単に兄弟間のものとせずに、家族の間での「親しき仲にも礼儀あり」という教えとしても学びたいものです。

12 怒りのまま子供を叱れば不孝・不悌をまねく

世の父兄が、その子弟の扱い方を見てみると、教育することなく、ただ叱りののしっている。叱られ、ののしられることを悲しんでいる間は、それで大人しくなるかもしれないが、十歳以上にもなり、すでに自意識が生まれてからは、やたらと叱られたり、ののしられると、怒気を生じるようになる。怒気が生じれば、叱られたことに報いようと反攻し、甚だしい場合には父兄を罵倒する。これでは不孝・不悌を仕込んでいるようなものだ。察するべきである。

子弟が罵倒しようとすれば、それによりまた父兄は怒る。父兄がまた怒れば、子弟もまた怒り恨む。そうして十四～十六歳に到る頃には、ますます互いに相怨み、しまいには父と子、兄弟が、互いに否をあげつらい、不和・確執が生じ、その見苦しいことといったら、言葉にならないほどである。最も悲しむべきことではないか。恥ずべきことではないか。これらのことも子弟の教育を知らないことから生じていることを、心深く思ってほしい。

最近、まるで子供のいいなりになっているかのように見えるほど甘やかす親を見かける一方で、驚くほどきつく怒る親を目にすることもあります。その剣幕たるや、こちらまで怖じ気づいてしまうほどで、親が怒鳴ると子供はますます泣き叫び、すると親の声もさらに大きくなるのです。

こうした場面に遭遇するたびに、これは叱っているのだろうか、それとも怒っているのだろうかと考えさせられます。そして、多くの場合、「怒っている」としか思えません。

なぜなら、そこには子供のことを思い、その子のためになるようにという親心が感じられないからです。親が自分の怒りの感情をむき出しにして、子供にぶつけているのであって、叱っているのではないのです。

叱ることと怒ることとは似ているようですが、「子供が主」となるのが「叱る」ことで、「親の気分・私心が主」となるのが「怒る」ことだといえます。この教えで子平が「叱りののしっている」という言葉は、この場合、「怒っている」と受け止めて差し支えないでしょう。

子平は、怒ってののしるようでは、かえって不孝・不悌を仕込んでいるようなものだとしています。不孝・不悌に限らず、他の徳にしても同じでしょう。親が不満いっぱいに怒り、感情のままにののしったとしたら、半分も伝わらないのではないでしょうか。

実際に、怒鳴りつけている親の言葉をよくよく聞いてみると、たいてい間違っていることは言っていないのです。子供にわかってもらおうと必死なあまり、つい怒鳴ってしまうのでしょう。

けれど、そういう時ほど淡々と静かに話すと、かえって子供は耳を傾けるものです。騒音には耳をふさぎたくなりますが、静かな音や声音には、何をいっているのか耳を傾けたくなるものです。

思い返してみると、私に大切なことをいう時は、祖母も父もふだんよりむしろ静かな声で言葉少なに教えたものでした。その静けさに幼いながら緊張し、黙っていわれたとおりにしたことを想い出します。

さて、子平は「ののしってはいけない」と教えていますが、折檻をも戒めています。関連する項目なので、次項に示すことといたします。

13 折檻して叱り叩くことは教育ではない

道を知らない親には二通りあり、ひとつは子供をひたすら甘やかす。そしてもうひとつは、折檻して叱り叩くことだけが、子供を育てる道だと勘違いして、事あるごとに叱り、ののしり、打ち叩く。子供が叱られては泣き、叩かれては逃げる間は、まだしも無事である。しかし、その子が十歳以上になり、自我も自意識もしっかりしてくれば、叱られれば怨み、叩かれれば怒って、父と子は確執を生じるだろう。ついには親子の絆も切れてしまうことにもなる。甚だ悲しむべきことであり、また、甚だ恥ずべきことではないか。

子供をひたすら甘やかすか、逆にいうことをきかないからと折檻するか。これは一見すると正反対のようでいて、子供の将来よりも、その場その時の「親の私心」が中心になっているという点で根にあるものは同じといえます。

先の項目でも本項でも、子平は親子兄弟の関係が壊れてしまいかねないということを深く案じています。自分を幸せだと感じられない人が増えると世情が暗くなるように、不和な家庭が増えることは国家の基盤が揺らぐことに繋がるためでしょう。「国を治めようと欲する者は、まずその家を治め、家を治めようとする者は、我が身を修めよ」という『大学』の教えは、江戸時代の識者の共通認識であり、また今でも通用する普遍的な真理なのです。

ところで、武家の教育は極めて厳しいものだったというのに、きつく叱ったり（怒ったり）、時には体罰も辞さないのではなかったのかと思う人もいるかもしれません。大声で叱ることや、時に折檻することがまったくなかったわけではないでしょう。しかし、幕末や明治時代に来日した外国人の大半が、日本の子供の行儀良さに驚愕しており、それが「自分たちの国で行われるように、鞭を使ったり部屋に閉じ込めたりして躾けられることではないらしい」ということに、さらに驚きを重ねているのです。

ここでは、イギリス公使夫人のメアリー・フレイザーと、大森貝塚の発掘調査でも知られるエドワード・モースの記録をご紹介しましょう。フレイザーは皇族や旧士族を含む上流階級、モースは庶民の子供の教育について活写しています。

「子供時代の折々の輝かしい幸福を奪うことなしに、いかなる環境にある子供にも完全な礼儀作法の衣を纏《まと》わせるこの国の教育制度は、大いにほめられるべきです」

「日本の子供が、怒鳴られたり、罰を受けたり、くどくど小言を聞かされたりせずとも、好ましい態度を身につけてゆくのは、見ていてほんとうに気持ちのよいものです。彼らにそそがれる愛情は、ただただ温かさと平和で彼らを包みこみ、その性格の悪いところを抑え、あらゆる良いところを伸ばすように思われます。（中略）ものごころがつくかつかぬかのうちに、日本の子供は名誉、親切、孝行、そして何よりも愛国心といった原則を、真面目かつおごそかに繰り返して教えられます」（※一八九一〈明治二十四〉年一月の記録　『英国公使夫人の見た明治日本』メアリー・フレイザー著　淡交社）

「いろいろな事柄の中で外国人の筆者達が一人残らず一致する事がある。それは日本が子供達の天国だということである。この国の子供達は親切に取扱われるばかりでなく、他のいずれの国の子供達よりも多くの自由を持ち、その自由を濫用することはより少く、気持のよい経験の、より多くの変化を持っている。赤坊時代にはしょっ中、お母さんなり他の人人なりの背に乗っている。刑罰もなく、咎《とが》めることもなく、叱られることもなく、五月蠅《うるさ》く愚図愚図《ぐずぐず》いわれることもない。日本の子供が受ける恩恵と特典とから考えると、彼等は如何にも甘やかされて増長して了《しま》いそうであるが、而も世界中で両親を敬愛し老年者を尊敬すること日本の子供に如《し》くものはない」（※一八七七（明治十）年の記録『日本その日その日』エドワード・モース著　東洋文庫）

明治になり、近代化の中で学校制度が布《し》かれたとはいえ、まだまだ江戸の風を色濃く残していた時の記録です。

きつく叱ったり、ましてや叩いたりすることなく子供を教育し得たことは信じがたいような気もします。どうしたらそのようなことが可能になるのか、やはり我が身を律し、その身を以て教えるというところに答えがあるのでしょう。

14 親だからといって自分のことを棚に上げるな

世の父兄を見ると、己は八徳を知らないのに、子供が八徳のないことを叱りののしり、自分は淫酒・無頼の遊楽をしながら、子供に向かって「若い者は、このような遊楽をしないことだ」などといい、己は無学無芸であるのに、子供の無学無芸を叱りののしるという場合が多い。これらは、ただ年齢が上だというだけで、みだりに子弟に誇っているだけのことであり、教えでも戒めでもない。それだけに子供は、その父兄の仕置きに心服するわけがない。心服しないから、その父兄の言うところを行うこともなく、ついには親子兄弟の心がすっかり離れてしまい、ひどい場合には、子弟は父兄の病死を願い、父兄は子弟が若くして命を落とすことさえも幸いとまで思うようになり、これこそ人倫の大変、極まれりというほかない。なんと悲しいことだろう。

子平が教えていることをひとことでいえば、自分を棚に上げて子供のことをとやかくいうなということです。

これは子供ならずとも嫌なものですし、年頃になると特に男の子など反発するのは理解できます。

心服とは、心から尊敬し従うことを意味します。子供に服してほしいと思うなら、まず尊敬される必要があり、尊敬とは自分から求めて得るものではありません。

それにしても、子平がくどいほど父親のあり方を問い、さらに親子兄弟の関係の悪化をこれほどまでに案じていたところを見ると、江戸時代にも、親子の関係が悩みの種となることが少なくなかったのでしょう。

子供が父や兄の病死を願うまでになり、父は息子がたとえ若くして他界してしまってもかまわないとまで思うようになるとは本当に恐ろしいことです。が、昨今の家庭における犯罪は、まさに子平のいう「人倫の大変、極まれり」ではないでしょうか。

江戸時代の教育書には、このような最悪の事態を具体的に述べているものが少なくありません。どの親も心のどこかで「うちの子に限って」と思うものだといわれます。子供を教育するうえでは、むしろ「明日は我が身」という気持ちでいることが大切なのでしょう。

15 教育は家の経済状態にかかわらず行うべし

子弟に八徳を教えないことの愚かさは、幸運に恵まれ巨富を得ようと、家族や使用人などを決してよい人に仕立てることができないところにもある。また、会社のトップに就任しても、社員をよりよく指導することもできないだろう。父兄は、この機微をよくよく会得して、経済状態のよし悪しによって差別することなく、子供を教育し、導く筋を呑み込むように努力せよ。子供を教え導く筋道をよく会得すれば、家族から社員に到るまで、思うままに教育することができるだろう。よくよく工夫せよ。

このところ家庭の経済状況と学力の関連性がしばしば取り上げられます。例えば、経済的に恵まれない家庭の子供は塾などに通うこともできないため学力が低下し、優良校に入学することもできず、大学進学もあきらめなければならないことさえある、というようなことが調査結果をもとにいわれています。

経済的に恵まれないから、子供の学ぶ機会が失われるということは、もっともなことのようにも感じられます。しかし、本当に経済面の問題で学問の道が絶たれてしまうのでしょうか。むしろ、熱意と工夫が足りないのではないでしょうか。

子平は経済状態にかかわらず教育を行うようにと教えています。「教え導く筋道」とは、それぞれの境遇に応じて学び方を工夫せよということでもあるでしょう。

先に挙げた『彦根藩士族の歳時記』には、極めて貧しい中で学校に通い、むしろその境遇をバネにしたという話があります。明治初期の中級以下の士族というのは、ほとんど食うや食わずの状態で、学校に通うのも大部分が地方の豪家や大地主の息子で、士族の生徒は少数だったといいます。同著の著者である高橋敬吉は、旧制中学の一年生から五年生まで、毎日梅干し入りの握り飯二個を弁当に、「痩せても枯れても武士の片割れ、武士は食わねど高楊枝、おかげ参りや、人の褌で相撲は取らない」との気概で勉学に励んだのでした。

また、勝海舟は蘭学に必要不可欠なオランダ語の辞書『ズーフ・ハルマ』を十両で借り、全五十八巻を二部ずつ写本、片方は売って支払いに充て、片方は自分のものとしました。煮炊きをするのに家の柱を削って薪代わりにするほどの極貧状態でも、その境遇を受け入れて、その中でできる限りの努力をしたのです。

何も江戸時代にまで遡らずとも、わずか七十年前、戦後の復興期にも類似した話はよくありました。

このような踏ん張りのきく偉人たちに共通するのは、やはり徳育でありましょう。そこから得た「生きる力」が原動力となっていたものと考えます。

「八徳を教えないと、せっかくの富も失われる結果となる」という子平の言葉は逆説的に経済状態にかかわらず学ぼうとすれば学べるものだということを教えているのです。

16 粗食と粗衣を心掛けよ

子供を育てるうえでは、甘やかしたり、必要以上に褒めそやして、玉のごとく大事にしすぎることがないようにせよ。幼少より気持ちをしっかりさせることを教え、些細なことも義理と恥とをもとに判断し行動する心掛けを持つようにさせるとよい。そのためにも、食べ物は質素にして、衣類は薄着にするように。こうしたことこそ、実は日常のあらゆる行いの助けとなるのだ。

「子供は風の子」という言葉があります。

私が子供の頃には、しょっちゅう耳にした言葉で、その意味するところも、多少寒くても子供には薄着をさせよということは誰もが知っていました。そして実際に真冬でも子供に薄着をさせる親はずいぶんいたものです。

また、食べ物のことをあれこれいわないことも、ごく一般的に教えられていました。こうしたことを通して、少しずつ我慢強い心を育んだのでしょう。

「気持ちをしっかりさせること」「些細なことも義理と恥とをもとに判断し行動する」、これは大人でも場合によっては難しいことですし、ある日突然、このようなことができるようになるわけでもありません。だからこそ、幼いころから少しくらい寒くても辛抱したり、お腹が空いていても平気な顔をするといったことで、少しずつ身につけていく必要があるのです。

やせ我慢というのは、武士の美徳を表した言葉であるとさえ私は思っています。私的感情を表情や態度に表したり、ましてや言葉にすることは恥ずかしいことだとされてきたのは、やせ我慢という美徳を植えつけるためでもありました。

何やらスパルタ的に感じられるかもしれませんが、このようなことを身につけると、ストレスに対する耐性が備わるため、結果的に非常に楽になるのです。

これは姿勢ひとつとっても言えることです。大人になってから正しい姿勢を身につけようとすると多くの人が疲れを感じるようですが、子供の時に身につけてしまうと、背筋を伸ばしている状態がかえって最も楽な姿勢になり、どうということもなくなります。

また、質素にすることにより、真の豊かさとは何かということを知るきっかけにもなるのではないでしょうか。金銭や贅沢な物品などに豊かさを追い求めるようになると、えてして際限がなくなります。大金や高価な物を手にした時の興奮や昂揚を豊かさや贅沢と勘違いしてしまうからでしょう。

一方で、心を満たす豊かさには感動や感謝が伴います。それは想い出として心に残ります。そして、ふいに想い出すたびに、ひたひたと幸せが蘇るのです。

真の豊かさを知ることになれば、自然と物欲からも遠ざかっていけるはずです。日常的に子供に忍耐させることは、子供を幸福体質にさせるきっかけにもなるのです。

17 三歳から男女の別をよくいい含めよ

子供を教育するうえでは、三、四歳より男女の別をよくよくいい含めるようにするとよい。人間の欲の動きとは、最初は男女の欲から始まるものだ。幼児期からよく教えておかないと、必ず十四、五歳より淫らな異性関係に趣くようになり、次第に長ずれば、文武（学業や運動）にも身が入らなくなり、ついには性欲に負けて無頼となり、あるいは身をもち崩し、あるいは病気をわずらい、または金を使い果たして、家名までも汚し、人からは嘲笑されるようになってしまう者が多い。父親はよく用心するように。

江戸時代の教育は『小学』を手本に、「男女七歳にして席を同じゅうせず」としました。このことはよく知られていますが、子平はそれより早くから男女の別を教えたほうがよいとしています。

昨今は「男の子は男の子らしく、女の子は女の子らしく」と教えることを、ほとんど避けるような傾向もあるようです。けれど、「らしさ」を教えることは自覚を持たせるうえでも大切なことではないでしょうか。

子平の教えの底流には、一貫して「いかに私欲に打ち克つか」ということがあります。男の子には男の子としての自覚を持たせ、男らしくあろうと努力させることが、ひいては興味本位の性欲に流されないことに通じていくものと考えられます。というのも、実はここでも自分より弱い者をいたわる「悌」の徳が関係してくるためです。

多くの場合、男性は女性よりも力が強いものです。自分よりも弱い立場である女性に対して強く出るのは、悌の徳に反することであり、男としてはもちろん、武士の風上にも置けないほどの恥とされました。

このように女性をいたわるあり方は武士が執権を担った鎌倉時代に遡ることができます。武将の家訓としては最古のものとされている北条重時の『極楽寺殿《ごくらくじどの》御《ご》消息《しょうそく》』には、まるで女性を優遇しているようにさえ感じられるような教えがいくつもあるのです。男性と女性は陰陽をなしており、互いに支え合い補い合うことによって生成発展を可能とするものです。男性も尊く、また女性も尊い存在であるのです。

男女の別を正しく教えることは性教育にとどまることではなく、互いを認め合い、尊重し合うことにつながるのです。

18 子供の年齢を鑑みながら教育せよ

どんな子も七、八歳までは天然の良知のまま（生まれながらの善良さ）であって、よこしまな欲心というものがなく、その心気は清らかで怜悧なものだ。八、九歳以上になると、だんだんと知恵もつき、人真似をするようになる。

それでも、十一、二歳までは、天性のままで金銭などの物欲や色情もない。欲がなく素直であるため、何事も父兄を頼り、教えられたとおりに従う。そのため親子関係、兄弟関係もうまくいく。

しかし、先にも述べたように、十三〜十五歳にもなると物欲や色欲が起こる。これは年齢相応の欲情なので誰でも起きることであるが、八徳を知り、義理と廉恥を心掛ける者は、私欲のままに流れず常に自分を省みるため、無頼放蕩に陥ることはない。

江戸時代には、子供の年齢を成長基準として、年齢ごとにふさわしい教育を施すべきであるという教育論が活発だったようです。

『和俗童子訓』を著した貝原益軒などは、同著の「巻之三」で、具体的かつ子細な年齢別の教育法をまとめています。

「六歳の正月には初めて数の名と、東西南北といった方角の呼び方を教え、その子の生まれつきの能力をよく鑑みたうえで、六・七歳より、ひらがなの読み書きを教えよ。また、ひらがなを初めて教える上では、五十音を書いたものを縦・横に読ませ、書かせる。世間往来の仮名文字の手本も習わせるべし。この年頃から年長者を敬うことを教え、年長者と年少者のけじめも教え、言葉遣いも教えよ」（著者訳）

六〜七歳は現在では小学校低学年にあたりますが、この当時は数え年がつかわれていたので、四〜六歳の子供に対する教育内容とみてよいと思います。幼稚園などでは年中組から数字やひらがなの読み書きを始めるところが多いようですが、すでに江戸時代の年齢別の教育論で、それが望ましいこととされていたのです。

このような年齢別の教育論は『小学』が原点になっています。『小学』の「内篇立教第一」には次のようにあります。

「自分で食事ができるようになると、右手を用いることを教えこむ。言葉が話せるようになれば、男女それぞれの返事の仕方を教える。男子は革の帯を女子は絹の帯をしめさせる。六歳になれば、数（え方）と方角の言い方を教える。七歳になれば、部屋を別にし、同室の場合も、坐席は別にし、食事も一緒にはしない。八歳になれば、人との対応の仕方として、門戸の出入や飲食の席で、必ず目上の者を先にするようにしつけ、謙譲の心を教えるのである。九歳になれば、年月日の数え方を教える（以下略）」（『「小學」を読む』〈荒井桂著　致知出版社〉）

貝原益軒の年齢別の教育法も、『小学』にならっていたことがわかります。江戸時代の子育て論は漢籍の影響が色濃く、なかでも『小学』は、当時の識者がこぞって参考としたようです。江戸後期の漢文学者・江村北海《えむらほっかい》などは、「子孫の教学に心あらん人は、『小学』の旨をよく合点して、その規則に従うべし」（『授業編』「巻之一　幼学」より抜粋）とまで述べています。

大人が自己修養のために学ぶ『小学』が、年齢別教育の原点でもあり、子供を教育するうえでも、その内容に従うのがよいということです。確かに、もっともというべきでしょう。

ちなみに私自身は前出の荒井桂先生の『「小學」を読む』を愛読しています。また、以前、武蔵嵐山《らんざん》の郷学《きょうがく》研修所・安岡正篤記念館で『小学』の講義も受講させていただいたことは、学びを深める素晴らしい機会となりました。

さて、子平は年齢ごとに、子供の心がだいたいどのような状態にあるかを述べるにとどまっていいます。しかし、どんな子も八歳くらいまでは素直なものだとしていることから、三〜四歳の幼児期からきちんと教えよと述べた理由がわかります。

十二歳くらいまでは何事も父親を頼りに教えられたとおりにするということは、小学生までの間に基礎を盤石にするようにということでしょう。

年齢による子供の性質を知ることは教育の基準となります。そのうえで我が子をしっかり見つめ、個々の成長に応じて教育することが大切なのでしょう。

貝原益軒も「その子の能力に応じて」と述べているように、人はそれぞれ個性を持っています。その個性とは、子平が「生まれつきの悪い子はいない」とした「善」の上にあるもので、どの子の個性も善から発されていると受け止めたいものです。

年齢による基準にとらわれ過ぎてしまうと、子供の個性を見失いかねなくなります。多くの親が年齢に比して我が子の成長は遅れているのではないかという悩みを抱え、それが原因で感情的に厳しくなってしまったり、ありのままの我が子を受け入れられなくなることさえあるようです。

繰り返しになりますが、子平の「生まれつき悪い子はいない」としているのは、個性を否定するどころか、むしろ個性的であることを当然のこととしたうえで述べているのでしょう。どんな子もそれぞれに善い子であり、それぞれに成長のペースがあるのは自然なことだといえます。

ありのままの我が子を受け入れるためには、子供と目を合わせ、手を合わせ、抱きしめて心を合わせるという基本も忘れずにいたいものです。

第三章

武士の教育・心をやしなう——思春期の子育て

十二歳までは子供、子供といえば小学生くらいまでをいう。私たちは漠然とこのような感覚を抱いています。案外、電車やバスなどの交通料金が中学生からは大人と同じになるなどという、単純なことに因んでいるのかもしれません。

しかし実際に中学校に入学する頃から体も心も一気に成長し始め、みるみるうちに少年から青年に近づいていきます。それは若葉が日を追うごとにその緑色を濃くし、柔らかかった葉がしっかりと引き締まっていくのと似ています。

急激な変化には不安定さが伴います。思春期の子供を見ていると、当の本人が自分自身が著しく変化していくことに戸惑っているように見受けられます。その戸惑いと不安を自分の中で消化することができないために、反発や反抗というかたちになって表れるのでしょう。

それが親自身の悩みにもなっていきます。この時期からの子育ては、それまでにも増してメンタル面での悩みを抱える傾向が強くなっていくのです。

子供が自分でいろいろなことができるようになると、親としてはこれで少し手が離れるとばかり油断が生じがちです。しかし、手が離れたぶんだけ、適度な距離を保ちながらも目と心は離れてしまわないようにしたいものです。

子平の教育指南もよりいっそう「心」にシフトしていきます。不安定な時期に、いかにその不安を取り除き、心に平安をもたらし、なおかつ豊かに、そして強くやしなっていくか。

本章では、心をやしなう思春期の教育について学びます。

19 平常心を教えよ

子供を教育する際には、平常心ということを教えるようにするとよい。平常心とは、心がいろいろに移り変わらないことをいう。この平常心を教えるには、何か打ち込めるものがあるとよいだろう。どんな仕事であろうと、精を出して勤めれば、その仕事に一身に打ち込むから心がそこに留まり、他に気をとられることもない。そうなれば、遊山・遊興にばかり陥ることもなく、悪事や色事などにも染まることなく、ただ一途に、その仕事にのみ打ち込むから、その技も日に日に上達し、身も修まり、家も富み、国も治まるというものだ。

ちなみに仕事や業とは、それぞれがそれぞれの持ち場持ち場に尽くすことである。

武士が目指したのは、なんといっても平常心でした。

ふだんから心が揺らがないように努め、心を騒がせて容易に感情をあらわにするようなことがないよう心掛けたのです。

武将が合戦の最中《さなか》に詠んだ歌が残されていますが、戦場という地獄絵そのもののような過酷な状況にあって、なお歌を詠むことができるというのは究極の平常心の表れです。それこそが最も勇敢な姿であり、真に勇気ある武人とされました。

危急の時に慌てふためいてしまうと、ろくなことがありません。合戦では死活問題になるのですから深刻このうえないわけです。

武将といえども本音では死にたくないものです。だからこそ「もはやこの命はなきも同然」とし、生きたいという欲から離れ、とらわれから自由になることによって、究極の平常心を保とうとしたのです。つまり、平常心とは我が身を守るために必要な、極めて現実的なものであったわけです。

今の世の中にしても、災害や事件など、いつ何が起こるかわかりません。いざという時に落ち着いていることができれば、身を守るための的確な行動もできるでしょう。また、そのような大事ではなくても、ふだんから心が揺らぎにくく、集中すべき時には集中できるようなら、何より本人が楽になります。心が不安定で何かあるたびに振り回されてしまうのは、誰にとってもしんどいことにちがいありません。

問題は日常生活の中でどのようにしてやしなうかということです。心のありようを言葉で教えるのは難しいものです。「落ち着け」といわれても落ち着けないのが人間です。ましてやただでさえ不安定な思春期にあって、ころころと変化する心を安定させることなど至難の業にほかなりません。

子平は「何かひとつのことに打ち込むといい」と具体的な方法を示していますが、なるほどと思わざるを得ません。

草取りなどしているうちに夢中になって時間も忘れてしまったという経験は誰にでもあるものです。その時の心のありようが平常心に極めて近いのでしょう。そのような経験を積み重ねていくことが、やがては平常心に繋がっていくのだと子平は教えているのです。

次に来るのは、子供が最も打ち込みやすいものは何かということです。好きこそものの上手なれといいますが、なんといっても好きなことなら打ち込みやすいにちがいありません。

身近なところではクラブ活動や習い事でしょうか。たとえ個人種目であっても同じ目標に向かって互いに切磋琢磨し、協力し合う仲間もできるため、コミュニケーション能力も磨かれます。それぞれ性格の違う仲間とうまくやっていこうとすれば、感情的にならないよう努力する必要があるため、ここでも平常心がやしなわれることになります。就職する際にクラブ活動やサークル活動、あるいはボランティアの経験があるかどうかというところが判断基準にされるのもそのためでしょう。

江戸時代には、武士階級に限らず、庶民にも青少年たちのコミュニティがありました。よく知られるのが若者組です。これは集団生活を通じて社会性や協調性、自立性などを身につけるための組織でした。若者組の活動には大人はいっさい口を出すことはなかったということです。現在の部活動などは、江戸時代の若者組に匹敵するかもしれません。

何かに打ち込む経験を積み重ねていくことが、その子の能力を向上させ、将来的に家や国にも良き影響を及ぼす。そこまでの意識を親としても抱きたいものです。

また、仕事や技（業）とは、それぞれがその持ち場に尽くすこととしているところも心深く受け止めたいものです。職業に貴賤《きせん》はないといわれますが、どんな仕事であっても、それをいかに尊いものとするかは、多くの場合、それに取り組む人によって決まるものでしょう。

20 人心は活物であると受け入れよ

人の心はいわば活物であり、不動ということがない。そして、善に動かないなら悪に動くものなのだ。古人は「人は善悪の友に因む」と言った。これはそのとおりのことで、良い友があるだけで、子弟の徳行の助けとなるだろう。いわんや、その父兄みずから善行に努力するなら、どれだけ良き因となるかしれない。

この教えは前項の平常心とも深く関係します。

平常心というと、不動の心という印象を抱きがちではないでしょうか。私自身、何事にも心が動かされなければ、どれほど安んじていられるだろうかと、不動の心を得たいと考えたことが一度や二度ではありませんでした。

しかし、生きている限り心が動かされないことなどないのです。まさに子平が「活物」と教えたように、人が生きて活動する以上、心もまた休みなく活動するものなのです。

つまり、平常心とは不動の心ではないということです。

子平が、まず「人の心は活物だ」と喝破したように、不動ということがなく常に活動し続けるもの、移ろい続けるのが心だということを、ありのままに受け入れたいものです。そもそも心とはそういうものなのだと理解することによって、かえって御しやすくなるのではないでしょうか。

「善に動かないのなら、悪に動くものだ」と子平が述べているように、心の動きを見つめていると、良心と悪意・悪心との間を行きつ戻りつしているのがわかります。

私たちの日常は、選択の連続です。何を、あるいはどちらを選択するかは多くの場合何気なく行われていることでしょう。

しかし、自分の心が今まさに揺れ動いていると知ることができたら、何気なく行われている意思決定を、もっと意識的に行うことができるかもしれません。そうすれば良心に従うことが、より多くなるのではないでしょうか。

けれど、自分の心と常に向き合い良心に従うよう努力することは、まだ人生経験も浅い青少年には難しいものです。そこで、友を選べということになり、父親や兄自らが良心に従い善行を重ねる努力をするのが望ましい、ということになるのでしょう。

友を選ぶことと、まずは父親が規範を見せることとは、前章ですでに述べたとおりです。

反抗心が強くなる思春期は、なおさら言葉で教えるより、まず周囲が手本を見せるということが大切になるのです。

21 中庸を心掛け、時世に応じて臨機応変にせよ

学ぶ者は、よく世の中の動きを推し量りながら、偏った思考にならないよう心掛けなければならない。外国かぶれになったり、あるいは懐古的になったりすることなく、かといって最先端の流行ばかりを追うのでもなく、学問にばかり偏ったり、逆に運動に偏りすぎることなく、固すぎず軟らかすぎず、その時代ごとやその地方ごとの風習にも心安らかに交わるようにするとよい。これこそが学ぶ者の心掛けといえよう。父兄たる人は、この筋道をよく理解し、子供を教えるようにするとよい。
ただし、あまりにも推し量りすぎて、さしさわりなくクセもないような者になってしまうのも、俗にいう通人気取りと受け止められ、実地を失うこともある。時勢に応じると同時に、本質的・普遍的なことは、少しも動かさぬようにするがよい。

人のあり方として、中庸ほど難しいことはないかもしれません。子平は変わり者といわれるような偏った思考を持たないように心掛けよと教えていますが、これはしっ

かり心掛けているつもりでも、気づくと自分にとって都合の良い考え方や、好き嫌いによって選んだほうへと傾いているのが現実です。

その一方で、常に公平でさしさわりなくクセがなさすぎるのもよくないとも教えています。

おそらく子平は無理を承知で、しかし努力することを忘れないようにと諭しているのでしょう。第一、子平自身が当時としては先端を行きすぎていて、周囲からは奇異な目で見られているほどです。

人はどうしても偏りがちで、行きすぎれば偏狭になり、許容範囲であれば個性ということになるのです。

つまり、偏らないよう中庸を目指すことによって、偏狭になることなく、どうにか「その人らしさ」に収めることができるということです。そのためにも欠かせないのが本質的・普遍的なことなのでしょう。それは、偏りすぎたと感じた時に立ち返る中心線のようなものです。

普遍的な真理を中心に据えると、かえって柔軟性が生まれます。たったひとつの守るべきものがあれば、あとのことはたいてい譲ることができるからです。

こうしたことを子供に教えるのは、言葉でも、また身を以て示すにしても、なかなか難しいものです。ここでは手本となりそうなエピソードを、明治元年に熊本で生まれた石光真清《いしみつまきよ》の手記『城下の人』よりご紹介いたしましょう。

明治八年のことです。熊本では明治政府の欧化政策に反旗を翻す士族たちが結束し、神風連と称して活動していました。彼等に賛成するものがある一方で、時代遅れだと見る人もいました。真清の母にしても進歩的な思想を持っていたため、神風連所属の士をやや軽んずるようなところがありました。

そのような様子を父親は黙って眺めていましたが、ある時、真清をはじめ家族全員を呼び、おだやかながらも厳しい眼差しで、神風連の人々を時代遅れのようにいうのは大変な誤りだと諭したのです。それは特に真清たち兄弟に向けられました。

「洋学をやるお前たちとは学問の種類も違っているし、時代に対する見透しも違うが、日本の伝統を守りながら漸進《ぜんしん》しようとする神風連の熱意と、洋学の知識を取入れて早く日本を世界の列強の中に安泰に置こうと心掛けるお前たちと、国を思う心には少しも変わりがない」（『城下の人』石光真清著　中公文庫）

そして、同じように国を思っているのに、神風連の人たちの中には急進派に反目するあまりいたずらに新政を非難するような風潮が生まれ、かたや急進派も神風連を時代に盲目な人たちだと嘲笑するのを、非常に不幸なことだと教えたのです。

石光家では、父親がたいへん教育熱心なうえ時代を読む先見性もあったため、子供たちにも洋学を学ばせていました。そのうえで、どちらにも偏ることがないよう、今後は神風連の人たちを軽蔑するようなことは慎むようにと諭しているのです。父の言葉を、子供たちは素直にお辞儀をして承りました。

真清の父が締めくくりに述べたことは示唆に富んでいます。

「いつの世にも同じことが繰返される。時代が動きはじめると、初めの頃は皆同じ思いでいるものだが、いつかは二つに分れ三つに分れて党を組んで争う。どちらに組する方が損か得かを胸算用する者さえ出て来るかと思えば、ただ徒《いたず》らに感情に走って軽蔑し合う。古いものを嘲《あざけ》っていれば先覚者になったつもりで得々とする者もあり、新しいものといえば頭から軽佻浮薄《けいちょうふはく》として軽蔑する者も出て来る。こうしてお互いに対立したり軽蔑したりしているうちに、本当に時代遅れの頑固者と新しがりやの軽薄者が生れて来るものだ。これは人間というものの持って生れた弱点であろうなあ……」(同)

真清の父が時世に応じていながらも、神風連を高く評価することができたのは「国を思う心」という普遍的真理を確固として持っていたためでしょう。このようなあり方を、ぜひ学びたいものです。

22 体を鍛えて勇気をやしなえ

学問は武士の芸始めであり、刀は武士の精神、馬は武士の足、弓・槍・相撲は武士のたしなみである。勝ち気であるということは、文武を上達させる根本となるということを、よく教えてやるとよい。勝ち気というと、あまりに凡俗な言葉のようであるけれど、これは孔子がしきりに教えた「勇」の徳のことである。「智・仁・勇」の三徳も、この「勇」を根本とする。こうしたことを、よくよく語り聞かせてやるとよい。

武士の教育といえば文武両道が基本であることはよく知られています。これは江戸時代よりも遥か以前から我が国が尊んできた伝統でした。このような学問と武道を並べ奨励することが公的文書として初めて世に出たのが一六一五（元和元）年に発布された武家諸法度で、第一条に記されました。

本来の武士の役割は有事における戦闘であり、平時となると行政や司法、警護などに携わることになりました。戦という業務に備えて武芸を鍛える必要があり、これが

「常在戦場」の意識にも通じていきます。

しかし江戸時代は平和な世が続いたためでしょう、次第に武芸は心胆を鍛え人物を練り上げることに、より重きが置かれるようになっていきました。幕末の頃には精神の鍛錬が主となったようにさえ見受けられます。

武士が官僚化する中で、「いつでも死ねる」という覚悟を代々継承していくのは、なかなか困難なことだったと想像されます。当時の平均寿命を単純に五十歳とすると、約二百六十年の間に、おおむね五代にわたって継承していくことになります。武芸を奨励しなかったら、学問にばかり流れ、文弱分子を増やす結果になったかもしれません。そうなれば「勇」も身につきにくくなったでしょう。

子平は「智」と「仁」は、そもそも「勇」を根本としていると述べています。「仁」とは他者を限りなく慈しみ愛する心で、博愛に近い愛情をさしています。

誰に対しても慈しみの心で接するためには、赦《ゆる》す心も必要になります。赦すためには忍ぶことも必要となります。忍耐するには、屈しないだけの心の強さがなければならず、結局は耐えることもまた勇気になるのです。

さらにいえば、「ここは耐えるべき」というところでしっかり耐え抜くことができた人が、いざ進むべき時が訪れた際に、どこまでも前向きに前進していくことができるのでしょう。だから子平は「智・仁・勇」は「勇」が根本だとしたのです。体を鍛えることを通じて忍耐強い心を養うことは、子供が人生の壁にぶつかった時に、乗り越える力となるにちがいありません。

現在も剣道や柔道など武芸を子供に習わせる人は少なくありません。しかし、どんなスポーツでもメンタルを鍛えることになるはずです。その際、いかに体を鍛えることが心をも鍛えることに繋がっているかを子供に教え、目的をはっきり意識させるように親が導くことも大切なのでしょう。

23 子供の病気や怪我を恐れるな

父親にありがちなこととして、「この子は生まれつき体が弱いから、手習いや学問など神経を使うことなどしなくてよい。また、運動なども、怪我をすると大変だから、する必要はない」などといって、ひたすら真綿にくるむようにして、やたら贅沢な食事をさせ、わがまま放題に育ててしまう。そのため、せっかくつつがなく成長しても、知性や教養もなければ運動ができるわけでもなく、ただ家にいて肥え太り、世に無用の人となってしまう。このようなことは本意ではないはずだ。

親は子供が病気をしたり怪我をしたりするようなことがないようにと願うものです。生まれつき体が丈夫でないとなれば、つい神経質になってしまうこともあるでしょう。少しでも丈夫になるようにと食事に気を使ったり、衣類にも気を配り、部屋の温度湿度まで空調で管理する。医療が発達した現代でも小児喘息やアレルギー疾患など、小児疾患が珍しくないため、体質によって配慮しなければならないことが実際にあります。そうして気をつけているうちに、どうしても子供を甘やかしてしまいがちになるのも確かです。

このような親のあり方は昔も今もまったく変わっていないようです。江戸時代の文献には、病弱な子供を腫れ物に触るようにして育てる親が散見されます。現代以上に神経質で、明らかに甘やかしすぎだと思われるケースもあるのは、医療が発展途上で、そのため子供の病死が少なくなかったからかもしれません。

ともあれ、配慮というより単なる甘やかしになってしまうことを、子平はとても危惧しています。

「世に無用の人になってしまう」

これは実際、まったく本意ではありません。生きていくうえで、何が最も悲しく不幸せかといえば、誰からも必要とされなくなることでしょう。

たった一人でも心から自分を必要としてくれる人がいるなら、自分自身の存在価値を認めることができます。つらい時でも乗り越えていく励みとなることでしょう。誰からも必要とされなくなることは、生きていく力をも失いかねないことになります。

たとえ病弱でも子供の状態に応じて学ぶべきは学び、鍛えるべきは鍛えるよう、親は心しておきたいものです。

もっとも、昨今は体質的に弱い子でなくとも、病気や怪我に神経質になりすぎる親が少なくありません。ある程度の怪我や病気は、かえって良い学びになるものです。親が恐れていると、子供も必要以上に恐れを抱くようになります。病は気からといいますが、怪我や病気に負けないだけの強い気持ちを持てるように、まずは親が恐れを手放すことでしょう。

この教えは幼少期から思春期に到って指針としたいものです。前項で子平が教えたように、体を鍛えることにより「勇」がやしなわれるためです。体質的に弱いなら弱いなりの鍛え方で、「勇」が備わるように促すのが真の配慮であり親心です。

24 「物知り」になるような学問はさせるな

学問をするうえでよく戒めなければならないことは、いかにも知識人・専門家・学者然として、人を見くだすようになることだ。これでは真の学者とはいわない。謹むべきである。ただ、「孝・悌・忠・信・勇・義・廉・恥」の八徳に勤めて、そのうえで、趣味として詩文を作ったり、様々な文献を研究するならば、これは真の学者といっていいだろう。

安岡正篤先生が好んでされた話に、新進の仏教学者が谷中《やなか》の南隠禅師《なんいんぜんじ》に知識をひけらかし、「あんたは牛のけつだ」といわれた……というものがあります。「牛のけつ」にひっかけて「物知り」と揶揄《やゆ》したのです。つまり、牛はモウと鳴きます。尻を「知り」に置き換えて、モウの知り、「物知り」というわけです。陽明学の講座で語られた内容ですが、知行合一を旨とする陽明学のあり方からすれば、どれほど高尚な知識があろうと、それが行動に繋がり、その人の姿に表れていなければ、ただ物知りなだけというわけです。

武士は誠を重んじますが、誠とはまさに知行合一です。口ばかりで行動できない人を誠実だと誰も思わないのは、現代でも変わりません。

幕末の英傑のひとりである勝海舟も、「知っていても行わないのなら知らないも同然だ。何事も知行合一でなければいけないよ」とことあるごとに述べています。これとほぼ同じ言葉を、私も祖母からいわれ、自分を恥じて小さくなったことが幾度もありました。

中学生くらいになると競争心や自己顕示欲も手伝って、自分が他者よりどれだけ多くを知っているかということを誇るようなことがでてきます。その際に、行動に繋がっていないのなら知らないも同然だということを父親が教えることは、「誠とは何か」を伝えることにも繋がります。

まして人を見くだすような人間になるのなら、いっそ学ばないほうがマシだとしてもよいくらいでしょう。なぜなら、見くだされることは、すべての人がいやがることだからです。子供が多くの人から嫌われることは、どの親にしても悲しみでしかありません。

逆に、人の何倍もの努力をして学び、その学びを常に行いに活かしているにもかかわらず、それをおくびにも出さない人は、多くの人から好かれ、尊敬されるようになるでしょう。

子平は「真の学者」という言葉で表現していますが、真の学びということも考えてみたいものです。

ある物事を真剣に学んでみると、次々に探究する必要のあるものが出てきます。学べば学ぶほど、さらに学ばねばならないことがわかってくるのです。

それを思えば、真の学びとは、自分がいかに知らないかということを知ることだともいえます。さらにいえば、いかに大切なことを知らないまま生きてきたかを知って恥じ入ることになるのが、真の学びなのです。

このような真の学びは、深い感謝へと繋がっていきます。

「こんな大切なことを知らぬまま恥ずかしながら生きてきたけれど、そんな自分をどれほどたくさんの人が赦し支えてくれただろうか」ということがわかり、自然と感謝が湧き上がってくるのです。

それが結果的に「ただ八徳に勤めて……」という子平の教えるあり方に通じてくるのかもしれません。

25 日本ならではの礼を教えよ

茶の道の作法は行き届いているとはいえず、能狂言は殺伐とした音楽だなどといって、学者は多分に忌み嫌うものだ。しかし、たとえ到らぬ作法であろうと、殺伐とした音楽であろうと、現代日本の大礼は、茶道と能狂言によってかたちづくられてきたのだ。そうである以上、日本に生まれておきながら、茶の湯と能狂言を忌み嫌って受け付けないのは、日本のあり方そのものに背を向けてしまうのにも似ている。ゆえに、茶の湯や能狂言は、少しずつでも子供に教えるようにするとよい。ただし、あまり深く入り込まないようにするがよい。

ちなみに私が思うに、能狂言の奏でる音は日本ならではの自然を表現しており、神様の御心にも、また人の心にも、しみじみとゆきわたり感動を呼び起こすものだから、これはまさに日本の中和の音というべきものであろう。

江戸時代の教育書の中で伝統文化について触れているものは少なく、まして「茶の湯と能狂言」というように具体的なものを挙げているものは、ほとんどありません。

伝統文化や芸能については、好ましからぬことであるとする教えさえあります。江戸時代中期の心学者・手島堵庵《てじまとあん》は『我《わが》つえ』と題した教育書の中で、子供に芸能を教える余裕があるなら、商売のことなど有益なことを教えよと述べました。手島堵庵が豪商の家に生まれたせいもあるのかもしれません。ただし、子平もあまりにも夢中になりすぎてしまうのもよくないとしています。あくまで文武の学びが主であるためです。

この教えのさらに興味深い点は、日本ならではの大礼がこの二つにあるとしている点です。

茶の湯にしても、能狂言にしても、室町時代以降は武士が好んでたしなむようになり、その中でさらに発展していきました。時代ごとに微妙な変化があったにせよ、長きにわたって継承される中で日本の心が投影されてきたのはいうまでもありません。ゆえに子平は「この二つに日本の大礼がある」と位置づけ、少しずつでも学ぶことによって、ごく自然に民族の誇りをやしなうはずだと考えたのでしょう。

このように江戸後期において「日本の心」を重んじ、やしなうことを教えているのは、極めて珍しいといえます。伝統を嫌うのは祖国に対して背を向けるようなものではないか、という視点もなかなか他の学者は持ち得なかったと想像します。子平が蝦夷地や小笠原諸島にまで足を運び、あるいは長崎は出島のオランダ人からロシアをはじめとする外国の諸事情を学んだためにほかなりません。

ところで、子平は行儀について基本的なことは家庭で教えればよいとしていました。しかし、茶道や能狂言を学べば、おのずから礼儀作法も身につくようになります。ここにも妙味があると膝を打つ思いがします。

近年の国際化に即して、少しずつではありますが、日本人としてのアイデンティティをいかに育んでいくかということが考慮されるようになってきました。茶道や華道、武道などを取り入れる教育機関もありますが、できれば家庭でも習いごととして取り入れたいものです。あまり難しく考えず、子供と一緒に楽しみながら体験してみるところから始めるとよいかもしれません。

26 八徳を土台に大胆を専らと心掛けよ

子供を教えるには、八徳を土台にして大胆を専らと心掛け、心を取り乱さず、博覧であろうと努力し、世の中の人を侮辱せず、柔弱になることなく、権威を失わず、理屈ばかりこねることなく、詩文に流れず、勇気を失わないようにし、陰気にならず、外国びいきになることなく、日本を嫌わず、突飛なものを好まず、見た目の美しさにばかりとらわれず、その姿も取り乱すことなく、ほどよく体を鍛え、適度に知性を磨き、また、少し茶の湯や猿楽などの伝統文化にも触れるとよい。

本章の教えの総まとめです。
より読みやすくなるように、以下に箇条書きにすることといたします。

○子供を教えるには、八徳を土台にして大胆を専らと心掛け……

「孝・悌・忠・信・勇・義・廉・恥」の八徳があくまで土台です。「大胆を専らとせよ」というのは、小さくまとまるよりも青少年らしく伸びやかであれと理解してよいかと思われます。

○心を取り乱さず、博覧であろうと努力し……

心を取り乱さないということは、ちょっとしたことで怒ったりすねたりなど、気分をあらわにしないことでもあります。

また、博覧とは広く文物に学ぶことです。

多くの可能性を秘めている年代ですから、幅広い知識を求め偏らないようにしたいものです。

○世の中の人を侮辱せず、柔弱になることなく……

世の人を馬鹿にしたり、優柔不断になるようなことがないようにということです。

思春期には、わざと斜に構えて世の中を見ようとすることもあります。ある程度は仕方ないにしても、他者を軽々に許するようなことがあれば、それは良くないことだとたしなめるべきでしょう。

一方、自信のなさゆえに優柔不断になることもあります。自分の意見をはっきりいえるように親から仕向けたいものです。

○権威を失わず、理屈ばかりこねることなく……

子供にも、その身の丈に応じた権限があるものです。親が子供の立場を尊重することが、子供自身に責任感を抱かせ、そこから権威も育つものではないでしょうか。

理屈ばかりこねて行動が伴わないとすれば、それはまさしく誠とはいえないということで、それこそ自ら権威に傷を付けるようなものです。

○詩文に流れず、勇気を失わないようにし、陰気にならず……

読書離れが著しい現代は詩文に流れるような青少年は極めて少なくなりました。この場合、ゲームや音楽をはじめとする趣味の世界という大きなくくりで受け止めたほうがよいでしょう。

勉強も運動もそっちのけでゲームや音楽に没頭するのは、どう考えてもいただけないのは当然です。今は学び鍛えることが本分だということを、しっかり教えたいものです。

自分の好きな趣味にばかり傾倒していたいというのは、欲望に引きずられていることにほかならず、勇気がないことにも通じます。小さなことで自分に打ち克つことができないと、結局はその性質も快闊さを失い、鬱々と陰気になってくるものでしょう。

○外国びいきになることなく、日本を嫌わず……

欧米主義でうっかりすると日本嫌いに陥るような風潮の中で育ってきたのが現在の親世代です。インターネットの普及に伴い情報を選択することができる若い世代のほうが、むしろ公平な見方をしているかもしれません。

しかし、依然として日本に対して否定的な教え方をする教育や情報は健在です。まずは親自身が、日本人としての誇りをしっかりと抱きたいものです。そのためにも歴史や文化を偏りなく学び、時には子供と話し合っていくことも必要です。

○突飛なものを好まず、見た目の美しさにばかりとらわれず、その姿も乱れることなく……

思春期は外見にも強い関心を抱くようになります。子供によっては突飛な服装を好むようになるでしょう。見た目にばかりこだわるようになり、結果的に容姿も乱れることもあります。古くから「傾《かぶ》く」という言葉があるように、奇抜なものを好むのは若者の特徴といえるのかもしれません。

ある程度はやりたいようにさせておくほかないと思いますが、真に美しいものとは何かということは折に触れ教えたいものです。

真の美とは見た目の美しさに留まるものではないということや、調和がとれて乱れていないことも美の基準であるということを教えられる親でありたいものです。そうなると親自身の美意識が問われます。ここでもまずは親が学ぶことが大切になるのです。

○ほどよく体を鍛え、適度に知性を磨き、また、少し茶の湯や猿楽などの伝統文化に

も触れるとよい。

体を鍛えるのも「ほどよく」、勉強も「適度に」、さらには、伝統文化に触れるのも「少し」。

いずれも「適当に」としているのは、バランスを考えてのことでしょう。ひとつのことを極めて中学生になる頃には達人の域になってしまう子供もいますが、多くの場合、まだ広く浅くでよいのでしょう。その中から「これは」と思うものが見つかるとすれば、実に幸運なことです。

第三章では思春期にふさわしいと思われる子平の教えをまとめました。不安定な一方、伸びやかさと豊かさを内包した時期といえます。子供の可能性を信じて、上手に心をやしないたいものです。

第四章

武士の教育・志をはぐくむ——青年期の子育て

十六歳を過ぎる頃から子供は目に見えて大人びてきます。

思春期特有の不安定さがだんだんと薄れ、体つきまでしっかりしてきて、当の本人も心の中で大人になりつつあることを自覚し始めているようです。

それまで父親はあくまで父親でしかなかったのが、「一人の男」として見るようにもなってきます。特に男の子は、無意識のうちに将来の自分の姿をも重ね合わせているのでしょう。

「父のような大人にはなりたくない」

「自分も父のようになれるよう努力しよう」

父親を基準としてこのような想いを抱くようですが、まだ反抗しがちな時期でもあり、前者であることが大半かもしれません。

父親は反面教師ということになりますが、それでよいのではないでしょうか。その気持ちをバネにして、お父さんを乗り越えていけばいいのです。どのみち子供が大人になり結婚し、父親になった時には、父親の苦労や、いかに愛されていたかを実感し、その偉大さを知ることになるのですから。

父親というのは息子にとって大いなる壁であるべきです。自分を守ってくれる一方で、目の前に立ちはだかり、行く手をふさぐ壁です。いつしか子供は何とかして壁を乗り越えようと全力で挑戦するようになるでしょう。それが知らぬ間にバイタリティとなり、力強く生きていくことに繋がるのです。

後者の父親をお手本に、なんとかして追いつこうとすることにしても同じです。父親という壁に向かっていくことには変わりありません。

結局、「父のようにはなるまい」「父のようになりたい」という想いは相反しているようで根っこは同じなのです。

第四章では、十六歳から大人に到る時期の教育についてまとめました。

人生とは何か、生きるとは何かといったことが根底に深く関わってきます。できれば、その子なりの志を持って生きていってほしいものです。志に向かって生きることで、生まれてきた意味や、人生の意義をつかむことができるからです。それこそが自らを幸せにできる力へと繋がっていくはずです。

27 日本の風土風習、国柄を教えよ

世間の数多くの学者は不理解なものである。まず学者というのは何事も外国が進んでいると決めつけ、その心持ちも外国風となり、そのうちに外国に生まれなかったことを残念がり、さらにはその外国でも自分の好きな時代に生まれなかったことまで悔やむありさまである。だんだん日本をそしり日本をあなどることが当たり前になってきて、日本的な人づきあいや人間関係にも疎くなる。しかも、外国の風習に偏って教え導くことができるならまだしも、それさえ中途半端にしか身につけていないため、学者という立場からすれば礼儀をわきまえ正しい作法も身につけていてしかるべきであるのに、かえって威儀もなく行儀も悪く、甚だ見苦しいものである。そして、人から外国かぶれといわれたり、あるいは偏屈者などとあだ名され、社交や勤務などのことにしても、かえって人から教え導かれなければならなくなる。

外国の書物を読み、外国についての知識ばかりを蓄えて、それをそのまま日本で行おうとするから、このようなことになるのだ。国が違えば人情・風俗も異なるという、ごく当たり前のことを真に理解していないゆえんである。最たる心得違いといっていい

い。子供に学問をさせるうえでも、このようなことにならないよう心掛けなければならない。徳に基づいて築かれてきた日本ならではの風習や風俗を破らぬことを専一とするように、しっかり教えることが父親として肝要である。

第三章でも子平は「日本の心を重んじよ」ということを教えました。ここでは、さらに具体的な内容となっています。

戦後に生まれた日本人は、あまねく「西洋かぶれ」といっていいかもしれません。江戸末期や明治の文献を繙くたびに、「自分たちの思考も趣味も、ほとんど西洋人といっていいほどになっているのではないか。それも、まったく無意識のうちに染まっているようだ」と思わざるを得ないのです。

大東亜戦争を海軍の飛行士として戦った大正生まれの方から、私たち戦後世代について、「まるで人種が違うみたいに感じられる」と伺ったこともありました。

子平の教えからすると、江戸時代中期から後期にかけては一部の知識人が外国風（※当時は唐風といって外国といえば中国でした）に流れていたようですが、現在は日本国民を挙げて、良くも悪くも外国風になっているという意識を抱くくらいでちょうどいいいかもしれません。

外国風、西洋かぶれといっても、その実、中途半端であることまで子平は指摘していますが、これもまた現代日本人もそのようになっているものと謙虚に受け止めたいものです。

海外の様々な国に学ぶため見聞を広めることは良いことですが、それにはまず「日本人である」という土台がしっかりとしている必要があります。近頃は日本に学ぶ外国の方が増えていますが、日本に生まれ育った私たちのほうが教えられることが少なくありません。

ここ何年かは『古事記』もブームのようになっていますが、単なるブームで終わらせることなく、日本人の民族性の根本がここにあるということを、基本的教養として学ぶようにしたいものです。

日本の風土や風習を学び、日本人としての民族意識を高めるためには、戦前の修身教育が良い手引きになります。修身教育で使われていた読本には、古代から近代に到る日本の偉人伝が掲載されていました。これを読むと、日本人に生まれてよかったと心から思うことができます。これこそ民族の誇り以外の何物でもありません。また、風習や風土についても知ることができ、今となっては「昔はこうだったのか」と新鮮な感さえ抱きます。

古今の偉人について学ぶには、修身読本の復刻版も出てはいますが、伝記を用いてもよいでしょう。また、日本の風土や風習を学ぶには二十四節気などが参考になります。かつてはどの家庭でも二十四節気に因んだしきたりがありました。このようなことを学ぶのは、父親にとっても教養を高め、雑学として仕事で役立てることもできるのではないでしょうか。

もっと身近な方法としては、父親が季節ごとの郷里での想い出を語って聞かせるということです。むしろ書物で学ぶよりもずっと説得力があり、その分、子供の心にも印象深く残るはずです。よく日本の国柄ということがいわれますが、昔ながらの郷里の風習を知ることが、実感を以て国柄を学ぶことに通じるのではないでしょうか。

「外国の風習を、そのまま日本で行おうとするから中途半端でおかしなことになるのだ」という子平の言葉は、常に意識しておきたいものだとつくづく思います。

これは第三章の二十五条にある「茶の湯と能狂言は日本の大礼」とするところにも通じるものです。

近年、お辞儀の仕方やお箸の持ち方など、ありとあらゆる作法がきわめて曖昧になり、率直にいえば「間違っている」としかいいようがないのが実情です。

特に立ち居振る舞いの中でも、お辞儀が気になります。お辞儀のことを「礼」といいますが、それは相手に対する敬意を表す基本の動作だからです。その基本が正しく行われていないのは問題です。

お辞儀は草・行・真の三種があり、一般的には会釈・敬礼・最敬礼と表現されています。しかし最近は、この三種が正しく行われているかどうか以前で、肘をほぼ直角に張り出し頭を下げる「奇妙なお辞儀」がまかり通っています。

日本の作法や所作は実に合理的にできていて、わざわざ不自然な動作を付け加えることは、ほとんどありません。このようなお辞儀に出逢うたびに残念な気持ちになり、それを身につけ悪びれることもなく行っているご本人を気の毒にさえ思います。

お箸の持ち方にしても、もはや正しく持てる人は絶滅の危機といってもいいでしょう。もう十年余り前になりますが、長年、お箸の研究をされてきた目白学園女子短期大学の谷田貝公昭教授から、お話を伺った際に、正しく持てるかどうかについての調査データも示していただきました。

平成九年、今から二十年余り前の時点で、お箸を正しく持てる人の割合は五十歳以上で約六割、中高生では約二割、小学校低学年では約一割でした。

当時の小学生~高校生は現在、二十七歳から四十歳前後ですから、今、まさに親になっている世代です。調査の時に、わずか二割しか箸を正しく持てる人がいなかった年代が、自分の子供に箸の躾ができているかどうか……。

私がお話を伺った際、谷田貝教授は「このままでは、まともに箸を使える日本人がいなくなってしまいます」と危機感をあらわにしていました。それが現実のものとなりつつあるといってよいでしょう。

百歩譲って、お箸を完璧に持つことができなくても、見苦しく見えずに済む方法があります。どのお料理に手を付けようかと迷う「迷い箸」や、お茶碗やお椀の上に箸を置く「渡し箸」など、タブーとされる使い方をやめることです。

武家に生まれた子供は立ち居振る舞いや食事の作法などを厳しく指導されました。特に男子の場合は厳しかったのです。それは、ある程度の年齢になると公的な場に出るようになるためです。風習に則って基本的な作法を教えるのは、他者を不快にさせないためです。さらには、共にお膳を囲む中で、ごく自然に濃《こま》やかな配慮ができるかどうかなど、その子の性質や能力を推し量ることにもなるためです。

最近は就職試験の一環として、食事会を行う企業もあるということです。食事の仕方を見れば、家庭でどのような躾を受けたかがわかるからです。

日本の文化風習は世界中から注目されています。いかに日本の風土風習を学び身につけるかは、今まさに全力で取り組むべき課題といっても過言ではありません。

お箸については谷田貝教授の調査も含め、拙著『女子の教養』でも詳しく触れています。お膳でのマナーについて、祖母からは「箸美人になりなさい」と教えられました。しゃちほこばって儀礼的になりすぎることなく、大切なのは「一緒に食事をするのが楽しい人を目指しなさい」と諭されたものでした。

28 道の理解には、まず学問、次に鍛錬

まず学問して、後で武芸など鍛錬に入れば、よく鍛錬の本意に達し、その芸も上達しやすい。まず体を鍛えて、後で学問に入るべきではないかと思うかもしれないが、それでは勉学に馴染めず、苦手意識を感じることもあり、道を学ぶことに心が入り難くなってしまうものだ。単に恥ずかしい思いをした時に、これも勉強していないからだと悔いるだけで済めばよいが、そういうわけにもいかない。幼少より心法として「智・仁・勇」の徳について教えられていないため、励むことの大切さを知らず、ともすれば諦めたり開き直ったりして勉学しようとしなくなることもある。その結果、志を抱くことも、それを遂げることもできずに終わるということになりかねない。これは先にも述べたように幼少より心法を教えなかったために、心気強く発奮することの尊さを知らないことが原因である。ゆえに、まずは学問から入り、後に鍛錬に入るとよいのだ。

子平が「心法」と述べているのは、「心のありかた」と受け止めてよいでしょう。あるいは「心の作用」といってもいいかもしれません。

中村天風《てんぷう》と植芝良平に師事し、心身統一合氣道を創始した藤平光一《とうへいこういち》は、その原理を「身体を動かしているのは心」としました。私たちが自在に手足を使っているのも、無意識のうちに心で命じているからだというのです。ゆえに心次第で、たいていのことがいかようにもなるのであり、戦わずして相手に勝つことも可能になる。古来、「技を磨かんと欲する者は、まず心を磨け」という言葉が生まれてきたのも、行き着くところは「心」だからだ、と明快に述べています。

この説には多くの人が納得できるのではないでしょうか。そして、このように「心が体を動かしている」とすると、子平が武道などによる体の鍛錬より、まずは学問を通じて「心のありかた」を学べとしたところが、よく理解できてくるのです。

「学問から入るほうが鍛錬の本意に達しやすい」としたことも、心に留め置きたいものです。武芸やスポーツなどを通じて体を鍛えるのは、人と勝敗を争い打ち負かしそれを誇るためではありません。あくまで自分の心を鍛え徳性を高め、この世に生まれてきた目的に気づき、それを達成するためです。

このように、目指すところが「道」であり、すべてのものが「道」に通じていくとするのも日本文化の特徴でしょう。日本では体を鍛えることさえも道に通じていくのです。

このところ剣道や居合道、柔道など、武道界における不正がしばしば生じています。「心を磨け」という原点が、いつの間にかあやふやになってしまったのかもしれません。やはり武道は「スポーツ」とは一線を画して考えるべきでしょう。もっとも、これまで日本人はスポーツも立派な「道」にしてきたのです。それを思えば、心法があやふやになりつつあるのは、実に残念な現象です。

高校生にもなると、このような心の話や日本の文化である「道」についてのことなど、だんだんと理解できるようになってきます。子平の教えるように、幼少期から徳について語り聞かせるのが望ましいことではありますが、この年代になると大人同士として語り合うこともできるのではないでしょうか。日本が継承してきた「道」が揺らぎ始めている現況を、むしろ逆手に取って、よき学ぶ機会としたいものです。

29 十六歳からは大人として扱え

十六歳以上になれば、どのような場に出ようとも自立心ある大人としての振る舞いを心掛けるようにということを、よくよく教えるべきである。まず、十五歳までを少年という。よって十五歳までは、父や兄の意見を仰ぎ従い、異議のないようにする。しかし十六歳からは青年といい大人の仲間入りをするため、法に触れるようなことがあれば裁かれることにもなる。ゆえに、十六歳以上は人に頼ることなく何事にも自分で責任を取ろうという覚悟がなければ、やりたいことも叶わないものだ。

人の年齢は幼年期（または幼児期）、少年期、青年期、壮年期、中年期、高年期に区別されます。それぞれ何歳から何歳までのことをいうのか、なんとなくあやふやではないでしょうか。

調べてみたところ、五歳までが幼年期、少年期は六〜十四歳で小中学生にあたり、青年期は十五歳から二十九歳。壮年期は三十〜四十四歳、中年期は四十五〜六十四歳、六十五歳以上は高年期でした。ちなみに高年期は前期高年期と後期高年期とがあります（※厚生労働省）。

二十歳が成人とされたのは、一八九六（明治二十九）年の民法施行によります。二〇二二年四月からは引き下げられ十八歳が成人とされます。長く続いた慣習からすると、十八歳を成人とみなして大丈夫なのだろうかという不安感がぬぐえません。

もっとも、明治二十九年以前は十六歳になると、もはや大人と見なされていました。二十歳を成人とした歴史のほうが短いのです。

こうした背景を鑑《かんが》みると、成人かどうかは年齢もさることながら、いかに大人としての意識と自覚があるかということが、大切なのかもしれません。

現代の「成人」は名ばかりで、残念ながら大人としての意識や覚悟が希薄であるとしかいいようがありません。このようになってしまうのは周囲の大人の対応にも問題があるでしょう。あと四年もすれば十八歳から大人としての責任が問われるようになるのです。子供に精神的な自立を促していかねばなりません。

それを思えば、子平の「十六歳からは大人として見なすように」というこの教えは時勢に合っているのではないでしょうか。

明治二十八年までは、男子は数え十六歳で元服でした。女子の場合は十四歳で、だいたい初潮を迎えるころとなります。

武家の男子にとって元服は非常に重いものでした。これからは父親について公的な場に出ることもあり、合戦ともなれば出陣するからです。

合戦に出るうえでは、切腹の作法もすでに習い受けています。武士にとって「いかに美しく最期を遂げるか」ということは最重要課題です。たとえ元服したばかりの若武者であろうとも、いざとなれば有終の美を飾らねばなりませんでした。それは人にいわれてできるようなものではなく、当の本人が高い意識と自覚とを確固として抱いていなければ、とうてい叶うものではありません。

男子に限らず女子にも自害の作法が教え込まれました。断じて辱めを受けるようなことがあってはなりませんでしたから、いざとなれば潔く、そして美しく最期を遂げることが望まれました。これも相当の覚悟なしにはできません。

こうした武門の子供が成人するまでに教えられた切腹と自刃について、将軍御殿医の桂川家に生まれた今泉みねが貴重な証言を残しています。

「男の児には腹を切ること、女の子には自害の仕方を教えますが、大ていは大人がついていて介錯をしてくれますから、ただにっこり笑って死んでいけばいいのです。無茶苦茶に死なないで、りっぱに書置きをして死体の処置を大人に頼んで死ぬ、こういうことは、よくいいきかされていましたから、子どもでも、コトンとも言わさず静かに死んでいくことができます。自分は桂川の娘だということだけを、死んでもおぼえておればいいと父が申しました。武士の娘という考えが、昔はきつかったようでした。めったにしおきはしませんかわりに、武士の家に生まれて、その名を汚してはならんというその一言で、まるで人が違ったようになりました」（『名ごりの夢』今泉みね著東洋文庫）

幕末の頃、みねは十四歳です。まったく信じがたいような覚悟というほかありません。まさに「何事にも自分で責任をとろうという覚悟」です。

現在はここまでのことを教えずともよいでしょう。しかし私は、かつての武家のこのような風習を、極めて重要なものであると受け止めています。

というのも、切腹や自害の方法を通じて、「生命」「死生観」「人生観」といったことについて、自ら深く考えさせることになっただろうと思うからです。

実は、私自身がそうでした。幼い頃に、祖母からまず最初に教えられたのは「死」でした。さらにいえば、「この命は限られている」ということ、そして「人生は一度きり」ということを叩き込まれたのです。

ただし、祖母は「死」という言葉を一度たりとも使いませんでした。朝の挨拶の折に、「今日も命があってありがたいね」というようなことを、祖母独特の優しい口調で時折いわれただけです。

けれど、このように差し向けられていると、子供ながらに気づくものがあったのです。それが先に述べたことでした。

大人の仲間入りをするのだから、これからは何でも自分で責任をとるようにしなければならない。

このように、ただ言葉だけで教えても、なかなか覚悟などできないものです。第一、大人である私たちが、いったい覚悟を持って生きているかどうかと問われると、甚だ自信がありません。それは、私にしてもそうなのです。

ただ、子供の頃に「死」を教えられると、少しは覚悟に似たものを心に抱こうと意識するようになるものです。そして今では「覚悟に似たもの」であっても十分だと思えますし、それでもよしとしようではないかと自分を許せるようになりました。少なくとも無自覚よりはいいはずです。

だいたい、覚悟などそうそうできるものではないと、これもまた祖母から教えられました。

祖母は「何度でも腹をくくればよい」と教えたのです。そもそも覚悟は揺らぐものであるということなのでしょう。

子平も心は活物だと述べています。青年期なら、なおのこと何度も繰り返し腹をくくることになるでしょう。そのうちに責任感がやしなわれることを願って、親としては、ここはじっくりと腰を据えて待つ必要がありそうです。

30 誰もが一芸一徳を与えられ、役割を担っている

天が人をこの世に生まれつかわすうえでは、一人一人に一芸一徳を与え天地の間において、それぞれの役割を果たすようになさしめている。ゆえに、その才能も徳術も活かすことなく、ただ食いつぶすようにして生涯を終えるのは、上は天意に違《たが》うため恩知らずということになり、下は娑婆塞ぎといって役立たずということになる。古人も言ったものだ。「無徳無芸にして長生きするよりは、一徳一芸に身を苦しめて早死にせよ」と。たとえ病弱に生まれついた者でも学問をさせ、徳にもとづいて心のあり方をよく教えれば、その気力精神力をもって工夫し、病気を克服して息災となり、病気がちであった体質も丈夫になる。また、体を適度に鍛錬するうちに、気血も回り、筋骨も引き締まり、これもまた有病が無病になること、これ皆、生々者造化の妙である。それなのに学問して鬱々と病んでしまう者が時折あるのは、師が活発な心のありようを授けていないがために、心気が負けて煩ってしまうのだ。要するに学問が悪いのではなく、教師と学ぶ者との双方の心得がなっていないということだ。

私たちは自分で生まれようと決めて生まれてきたわけではありません。自分が生まれようとしていることも知らずに、気がついたら存在していた……というところではないでしょうか。

自分が存在していることを心深く気がついたとすれば、かなり意識的に生きているにほかなく、たいていは「なんとなく生きている」というのが実情ではないかと思います。

もっとも、そのまま流れてはいかないのが人生で、多くの人が「何のために生まれてきたんだろう」とか「自分とは何だろう」といった疑問を、いつかは抱くことになります。もしかしたら、この大いなる疑問を抱いた時からが「真の人生」の始まりといえるかもしれません。

現代の不幸は、これらの疑問に答える教育を失ったことでしょう。その結果、生まれてきた意味も意義も見いだせず、自分に自信を持てないまま、さまようようにして生きる人が増えたように見受けられます。

そして、子平が教えていることと、まったく逆の現象さえも起きているといっていいでしょう。せっかく五体満足で極めて健康に生まれついてきたというのに、道徳を学ばずにきたために、心が鬱してきて活力を失い、ついには心身を病んでしまうのです。これでは本人も親も不幸せなばかりか、社会にとっても良くありません。

親として、「天は一人ひとりに才能も徳性も与えているんだよ。だから誰もが尊い存在なんだ」ということを、ぜひとも子供に教えたいものです。

親からすれば我が子は何にも代えがたい素晴らしい存在です。たとえ学校や社会が評価していなかったとしても、育ててきたからこそ見えている尊い姿があるはずです。

子平は甘やかすことも、教育と称して怒りの感情をぶつけることをもいさめていますが、我が子の素晴らしい徳性や才能を真に見いだし大切にしようとすることができたなら、甘やかすことも、また感情的になることも少なくなることでしょう。

いたずらに甘やかしたり、感情的に怒るのは、実は親自身も大人になりきれていないからです。親自身が自分の才能や徳性に真に気づいておらず、ありのままの自分を受け入れることができていないのです。本来の自分を認めることができないと、自分を律することも難しくなります。本当に自分を大切な存在であると認めることができないと、磨くことができないのです。

子供をありのまま受け入れ、伸ばしていこうとする課程で、親自身が自分を受容するきっかけをつかめるかもしれません。子供の一芸一徳を尊ぶことが、ひいては親自身が自分の一芸一徳を見いだし、認めることにも繋がっていくということです。

「親だから」と無理をして自分に自信があるようなふりをすることより、共に成長していこうという謙虚な気持ちで向き合ったほうが、親子の心が通い合うのではないでしょうか。虚勢を張ることと、威厳があることは異なるのです。

31 高齢者を敬うことを教えよ

子供の口腹をやしなうことについては親切でも、老親の口腹をやしなうことについては親切ではない人が多い。その証拠に、子供の食べるものについては細々と気をつけるのに、歯も損じ体も弱った老親の食べ物については、そこまでの心配りで調理することもなく、また心苦しいとも思っていないようだ。その報いはたちまち我が身に起きることになり、自分が年老いて子供に世話を掛けるようになった際に、かつて自分が老親の食べ物に気を使わなかったように、子供もまた老親の食事等に心を用いることをしない。これは子供に高齢者を敬うことを教えないために起きてくることだ。このように、子供に老親をやしなう孝道を教えなかったら、何代経ても、さみしい老後を過ごすことになるだろう。実に天道に違うことであって、冥利を知らざるの第一というほかない。子供に孝道を丁寧に教えることは、天道を知ることでもあるのだ。

江戸時代の教育書では、おしなべて親や祖父母など年長者を敬う「孝」について教えられています。しかし、子平のように具体的な内容で述べられているのは、これも珍しいといえるでしょう。しかも、その具体的なことが食であるというのがまた面白いところです。

けれど実際は「面白い」などとはいっていられない現実的な問題なのです。食べるという行為は生命維持に直結します。さらには、できるだけ自分の好みのものを食べたいと思うのが人間であり、もっといえば高齢者には特有の食に関する我が儘さがあるのです。そこにはもちろん子平が述べている、歯が悪くなってきたり、体調のことも含まれてはいます。しかし、それだけではないようです。

実父が他界して四年になりますが、介護をしている際に強く心に残ったのが、「あと何回まともに食事をできるかわからないから、できるだけ好きなものを美味しく食べたいんだ」という言葉でした。視力が九割がた失われ、車椅子になり好きな散歩もできず、大好きなクラシックを聴くにもCDひとつ自分でセットできない状態でした。そうした中で、食事の楽しみは極めて大きかったのでしょう。

翻っていえば、それまでは何でも食した父が、そこまで食事にこだわるようになったために、老いがもたらした言葉にならない苦しみを察知することができたのだと思います。それだけに子平が他の教育書のように、ただ単に「老いた人を大切にしなさい」とせず、食に特化して高齢者を敬うことを教えていることに驚きを覚えるのです。
また、それが我が身に返ってくるという点も示唆に富んでいます。子育てにばかり気を取られて、老いた親を気遣うことを忘れてしまうと、子供もまた親を省みないようになってしまうぞ、と、説いているのです。

自分が他者に行ったことが、巡り巡って自分に返ってくる。

このようなことが実際にあるものです。古来、日本人が天を畏怖してきたゆえんでもありましょう。

さて、現代日本がかかえる問題のひとつが、いうまでもなく少子高齢化社会です。いかにして親を気遣っていくか、孝の徳を実践するにも、厳しい現実が高い壁となって迫っています。

一八八八（明治二十一）年に来日し、華族女学校で英語教師として教鞭を執った米国人女性アリス・ベーコンは、当時の高齢者について次のような記録を残しています。

「（日本の女性は）年をとれば、周囲の者にそれまでずっと仕えてきた義務から解放され、息子のよき相談相手となり、義理の娘を指導する立場になる。家庭内での地位は高くなるし、隠居《いんきょ》の身になれば、好きなことをして、思ったとおりのことを口にしてもかまわない。長い間、一所懸命に尽くしてきた返礼として、子どもや孫たちは親切に世話をしてくれる」

「人生の晩年を迎え、趣味を楽しみ、簡単な家事をしながら、日本の老夫婦は若者とともにときを過ごす。若者は老人を守り、世話をする。（中略）当然、日本人の誰もがこのような時期が来るのを楽しみにしているのである」（『明治日本の女たち』アリス・ベーコン　みすず書房）

百年あまり前の日本では、老いは楽しみでさえあったのです。

しかし時代を遡ることはできません。介護を施設に頼らざるをえず、最期を病院で迎えている今の時代の現実を真正面から受け入れて、その中でできる限りの親孝行をするにはどうすればいいのか、自分たちの老い先まで見据えながら、考えていかねばならないでしょう。そのようにして親が取り組んでいく後ろ姿を、子供たちはじっと見つめているはずです。

32 貧は万事の妨げ、倹約の道を教えよ

子供には八徳を土台にして万事を教えたうえで、倹約の道をよく呑み込ませ、貧乏せずに済む方法を教えるように。貧乏すると、やむを得ず公務を欠いたり、義理をも欠き、恥をも受け、備えることを欠き、文事まで欠くことにさえなる。貧しいことは万事の妨げであり、人間の大不覚だということをよくよくいい聞かせ、説き聞かすようにせよ。それには倹約と吝嗇《りんしょく》との二つがある。道理に逆らわず、人情にもとることなく、義理を破らず、法則を欠くことなく、無駄な出費をなくし、不相応な贅沢を抑え、美食・美人に溺れず、家族で協力してつつましく暮らすのは倹約である。いっぽう、道理に違い、人情にもとり、義理をも欠き、法則を乱し、身分を取り捨て、ただ単に財産が余ることのみに心掛けるのは、吝嗇であって、俗に「けち」といわれるものだ。これは甚だ忌み嫌うべきである。父親たるもの、これをよく理解して子供を教えさとすようにせよ。倹約の道を教えておかないと、たとえ学識豊かで多種多芸であっても、ややもすれば吝嗇ゆえに人々に誹謗《ひぼう》されたり、嫌われたり、時には喧嘩口論にまで及んでしまうことさえある。よく察するように。

他の教育書にはあまり見られない教えがさらに続きます。今度はなんと、貧乏に陥らないための知恵です。

よく知られるように質素倹約は武士の徳目でさえあり、武家の家訓などにも、慎ましく暮らすようにという教えが散見されます。

しかし、武士が著した教育書で、しかも「貧乏は万事を妨げる」などとしているのは滅多にありません。貧乏も気力で乗り越えろという精神論ならありそうなものですし、実際、極貧状態を精神力で乗り越えた武士もたくさんいます。

どうやら子平は、武士にありがちな建前を取り繕う人ではなく、極めて現実的な人であったようです。そこはやはり長じてから国防と経済とを学んだことによるのでしょう。

子平の教える倹約の道は、今でも基本とされる内容です。簡単にいえば「無駄遣いをしたり、よけいな贅沢はしないで、ふだんは質素に慎ましく暮らせ」ということと、「財産を殖やすことのみが目的ではない」「必要な経費については、けちけちするな」ということになります。

このようなお金の使い方を十六歳から教えておけば、数年後に就職した際に、どれだけ子供の助けになるかしれません。自立心をやしなう一助にもなるでしょう。しかも、欲をコントロールすることにも繋がります。

日本の伝統として「ハレとケ」があります。「ハレの日」はお祭りや節句、結婚祝いや誕生祝いなど特別な日のことで、「ケ」は普段の日です。ハレの日には思い切り贅沢をし、そのぶん普段は極めて質素にするということが長きにわたり受け継がれてきたのです。

子平は吝嗇について「道理に違い、人情にもとり、義理をも欠き、法則を乱し、身分を取り捨て……」と述べていますが、たとえばハレの日に出し惜しみをすることは吝嗇にあたるでしょう。

ところで、倹約は大切な美徳ですが、単に金銭だけには終わらないものです。ケニア出身の環境保護活動家、ワンガリ・マータイさんが環境分野で初めてノーベル賞を受賞したのをきっかけに「モッタイナイ」という日本語が世界に広まりました。

物を大切にして、できるだけ利用し、できれば最後は自然環境に還していこうと努力することは、倹約にも繋がります。

自然に還すためには天然のものであることが望ましくなります。そうしたものは値が張りますが、たいていは長持ちします。長持ちする理由は品質が良いということに加え、買う時にそれなりのお金を払っているので、大切に使おうと知らぬ間に努力するからです。

長持ちするものを身の回りに置くようにすると、生きていくうえで、そんなに多くの物は必要ないことに気づきます。物が少ないと管理に手間も時間もかからなくなります。つまり時間と手間の節約もできるのです。

忙しい現代人にとって時間ほど貴重なものはありません。時間ができれば、ゆとりをもって過ごすこともできるようになり、すると倹約というのは、実は「豊かさ」であることがわかってくるのです。

このような価値観を子供と共有し、真の豊かさについて教えていきたいものです。

33 子供の教育は天下のためなり

父親たる者、誠にその子を愛して、成長させたうえでは身を立たせ、名をも上げさせたく思うのであれば、これまで述べたところの趣旨をもって、その子を育ててほしい。これこそ誠にその子を愛するということである。

残念なことに、多くの人が子供が成長した後のことにまで考えが及ばずに、幼い頃は甘やかし、手に負えなくなると教育せずに放任してしまうことが珍しくない。

私が説いた子供を教育する道は、私個人の考えではなく根拠があって述べているものである。世の中の父親は、これまで述べてきたことを常に心掛けて、そのうえ、左に記するところの学則を手本として、その子を教育すれば、その子はそれなりの人物に成長するだろう。これは一族のためのみではない、家のため、国のため、天下のためである。

これは子平の願いであり祈りです。

どれほど時代が変わろうと、決して変わることがないのは子を思う親心でしょう。どの親も子供の幸せを願っているのにもかかわらず、まるでボタンを掛け違えてしまうようにずれてしまう。ついには諦めて、ほとんど放任してしまうという状況は、今も昔も変わらないのでしょう。

それでは親も子も不幸ではないかと、子平はやむにやまれぬ想いでこの書を執筆したのです。

実は、子平は生涯独身で、子供もありませんでした。そのため、ある翁から次のようにいわれたのです。

「なるほど『父兄訓』の内容はたいへんよくできている。しかし、あなたには子供がないではないか。ゆえに子供がいかに親の思うとおりに育たないか、教育の難しさを知らない。人は顔がそれぞれ異なるように性質も異なる。父親は八徳を良いと思っても、子供は嫌うこともある。武芸を父が良いと思っても、子供はいやがることだってある。親が教えたところで、元来子供が嫌うのなら、身につくわけがないではないか。それを思えば、『父兄訓』は、畑で水練をするようなものだ」

子平は、翁の言葉を慎んで承ったうえで返答しました。

「確かに子供は親の思うとおりに育たないかもしれない。しかし、そう思い込んでしまうことがまず第一の過ちだ。すでに本文に述べたように、これこそが父親が八徳を知らない証といえる。三つ子の魂ということを忘れてはならない。思い込みを捨てて胎教より始め、十二歳くらいまでの間に諄々《じゅんじゅん》と道を呑み込ませることだ。

私には子供がないために、子を愛し、楽しむという経験ができなかった。もしその経験をしていたら、『父兄訓』にもっと書くべきことがあっただろうと思う。それは残念に思っている。

ただ、もし翁がいうように、子供を持たない者は子供の教育も理解できないということになるのなら、政治家でない者は政治を語ってはならないということになる。そうではなかろう。

ところで、古人も『五十にして四十九年の罪を知る』と教えている。また、『老いては、益々壮《さか》んなる』ともいった。翁も発奮して老いの学問を始めて、八徳を学んでみてはどうだろう」

このように勧めたところ、老人も我が身に悟るところがあり、感激して去ったということです。

この老人の意見をみても、どの時代も人間というのは同じようなことをいうものだ、とつくづく思います。

人はそれぞれ個性があるのだから、たとえ子供でも親の思いどおりに育つものではない。

確かにそのとおりともいえます。

そして、最初からそう思い込んで子供の教育に臨むのが、そもそも間違っているとする子平の意見もよくわかります。

究極は親子の信頼関係であって、信頼関係がしっかりと結ばれていたら、どんな教育でも功を奏し、逆にそれがなかったら、どれほど素晴らしい教育法も無に帰すると述べた教育学者もいました。これはひとつの真理でしょう。

子平は、「子供を完璧な人物に育てよ」とも、「このように教育すれば大人物になる」ともいっていません。

ここは肝心なところです。

あくまで、「その子なりに、それなりの人物になるだろう」としているのです。このひとことに、老人がいった「人の顔が違うように性質も異なる」ということが内包されているのがわかります。

通り一遍の人物にすることは、最初から求めていないのです。そして、個々が個々の個性を十分活かしたかたちで、八徳を心得ることこそが、ひいては天下のためになるとしています。

これこそ本当の「それぞれの子供の個性を尊重した伸びやかな教育」といえるのではないでしょうか。

子平が総括として著した「学則」は、「いろは歌」と共に、次章に譲ることといたします。

第五章

武士の教育・学則といろは歌

子平は『父兄訓』の巻末に教訓の基となる学則と種々の心得を四十七句の「いろは歌」にまとめています。

総括ということにもなりますが、子供の教育のためのみならず生涯の教えといっていいでしょう。折に触れ学び、まずは我が身を美しくしようという気持ちになることができます。

特に基本的な道徳があやふやになっている現代こそ、まずは大人が日々の来し方の覚書としたいものです。

34 八徳は生涯の心掛け

「孝悌忠信勇義廉恥」の八字を、よくよく心に記しておくように。

○孝は、親に仕える道をいう。

親に対して不敬・不作法な言葉なく、不敬・不作法の所業なく、正直にして、親の心を安堵させることである。

親を安心させる。これが一番の親孝行ではないでしょうか。

自分が親になってみると、子供の心配は尽きぬものなのだということがつくづくわかります。成人しても、いくつになっても、親は親として子を案ずるものなのでしょう。究極的には元気でいてくれさえすれば満足です。

しかし、それはそれとして、親子間のけじめをつける意味でも、「親しき仲にも礼儀あり」を忘れずにいたいものです。

○悌は、兄を敬い弟を愛する道であり、なおかつ長者に順《したが》うこと。兄はいうに及ばず、自分よりも年上の人を兄同様に敬い、よく順うことをいう。順うとは、行住坐臥《ぎょうじゅうざが》・飲食などに到るまで、礼儀を忘れず順道を守ることである。また年少者を弟同様に見ることである。

順うことは、盲従するということではありません。年上の者は年少者の意見に耳を傾け真摯に教え導く。それに年少者はついていく努力をするのです。年長者が間違っていれば、年下であろうとも意見をいわねばなりません。それが真の敬愛であり、互いを思いやることでしょう。

○忠は、君に仕える道であり、かつ朋友に偽りなく信義をもって交わることである。己を尽くすことを忠という。君にも朋友にも己を尽くすことである。ゆえに「士は己を知る者のために死す」といった。これが忠である。

もはや「君に仕える」ということはなくなりました。しかし、「己を尽くす」ということは今も確かにあるものです。人は自分のすべてを捧げても惜しくないと思える何かを見つけた時に、自然と尽くしたくなるものではないでしょうか。「君」とは、現代にいい換えれば、右のような「何か」、あるいは「誰か」ということになるのです。それを思えば、忠・忠義は現在でも大切な徳目です。

○信は、ことごとに虚事・虚言なく、事実を以て旨とすることである。

上は天子より、下は庶民まで、信があれば人は服し、なければ背く。貴賤にかかわらず、どんな者でも信を失うことがないように。

人と人とが信じ合うことができなくなると、世の中はとたんに生きづらくなります。信じた人から裏切られるようなことがあると、それでも信を守る必要があるのかと疑問を抱く人もいるかもしれません。けれど、信をないがしろにするような自分は、とても好きにはなれず、自信を持つこともできないでしょう。

そのように考えていくと、信はまず自分に向けられるものなのかもしれません。

○勇は、義の相手にて、勝気のことである。

文武の諸芸も、心術・心法も、勝気がなければ上達成就が遅れるものだ。勝気は万能の上達のもとであると知るべきだ。

勇は勝気のことであると子平は教えていますが、今風にいえば「前向き」ともいえるかもしれません。

「前向き」に対して「後ろ向き」という言葉が使われることがありますが、そもそも人生は前にしか進めないものです。たとえ自分が後退しているように感じられたとしても、それは前進するうえでの変化であり、上達のために必要なことなのかもしれません。すべてが前進であり発展の過程なのです。

このように考えると、途中で挫けそうになった時でも、勇気を出していこうという気持ちになれるものではないでしょうか。

○義は、勇の相手にて、裁断の心である。

道理に任せて、決定して躊躇しない心をいう。なすべきことをなすべき場にてなすことである。

義は正しい行いのことですが、裁断するにはなかなか難しいものです。何が正しいのかさえ、わからなくなってしまうことさえあるからです。

今何をすべきか、次に何をすべきか。それは道理に適《かな》うことだろうか。実は自分の個人的都合ではないだろうか。

このように自分の心を見つめ、裁断していかねばなりません。

思うに、自分の裁断した結果が正しいかどうかよりも、このように自問自答する習慣こそが、大切ではないでしょうか。道理に適っていたかどうかは、最後に天が判断するでしょう。

○廉は、潔く立派なことである。

物事に潔く、きれいに正しく、策謀のない心をいう。捨てるべきを捨て、取るまじきを取らないといったことである。廉は恥の相手である。

潔く、正しく。これもまた難しい心掛けです。捨てるべきを捨て、取るべきを取る。

言葉にすればこれだけのことですが、多くの場合、躊躇してしまうものです。

なかなか潔くなれずとも、躊躇する自分自身を、まずはそのまま受け入れることではないでしょうか。決心できたり、できなかったりを繰り返しながら、それでも潔い心を目指していけばよいのです。

○恥は、辱を知り、手前勝手を致さぬことである。

ことごとに、「卑怯（卑しい）・未練（未熟）なる行いをして人に笑われるな」「穢《けが》らわしく臆病な行いをして他者よりさげすまれるな」と念じ、心を清く正しく持つことである。廉の相手である。

人から嘲笑されたり、さげすまれたりしないようにする。

しかし一方で、人は見たいようにしか見ないし、いいたいようにいうものだということも、「そんなものだ」と平易な心で理解しておきたいものです。たとえ誠を尽くしても、嘲笑されることも時としてあるからです。

それを思えば人に笑われることもさることながら、良心の責めを感じているにもかかわらず、そこから目を逸らし、いい訳をすることのほうが、もっと恥ずかしいことかもしれません。

さらにいえば、誰もがそうした弱さを抱えながら、それでも懸命に生きていこうとしていのに、人をないがしろにしたり軽んずることが「恥」であるといえるでしょう。

35 読書を怠ることなかれ

読書は万能の基礎となる。
○日の出のころに起きて朗々と音読するとよい。
○朝八時ころから夜七時ころまでは学習にあてる。
○昼の間に次項で示すよう体の鍛錬をするとよい。また、仕事に就いている者は、夜明けのころから各々の勤務に励み、他の遊芸など習わぬようにせよ。
○夜は様々な書物を、年齢に応じて、三〜五ページ、あるいは十ページ、二十ページないしは百ページと読むように。

読書から得る学びは人生の叡智に繋がるといっても過言ではありません。子平は具体的な読書の仕方を指南していますが、付け加えるとすれば、古今の良書を手にすることでしょう。

特に古典には普遍的な真理があります。古典の中でも西洋の哲学や小説よりも、東洋思想のほうが、やはり日本人の心に自然と響いてくるようです。

一方で最先端の科学技術なども深い学びがあります。古典により普遍的な真理を学んでおくと、最先端とされるものの中にも普遍性を内包したものが少なくないことに気づかされます。

多忙な中でも時間を見つけて少しずつ読書したいものです。子平がまず第一に挙げた日の出のころに起きて音読するというのは、一日の始め方としても良き習慣となるでしょう。

36 武芸に精を出せ

体の鍛練に精を出すように。
○朝九時ころから夜七時ころまでの間に体の鍛練を行うとよい。ただし、学問は七歳から、鍛錬は十六歳からと心掛けるように。

毎日少しずつでも運動を取り入れることは、体はもちろん脳や心にも良い影響を与えます。朝九時から夜七時の間にとしていますが、これは生体リズムからいっても好ましいことです。

鍛錬は十六歳からとしているのは、子供に運動させるなということではもちろんありません。二十八条で述べたとおりです。

37 心学を磨け

良智の理解を深め、心学を磨くように。

○人というのは、そもそも善悪邪正について良いか悪いかを顧みて、善は善、悪は悪と、明らかにわきまえる心を持っているものだ。これが良智である。この良智とは、学ばずして天然自然に人の胸中に存在するものであって、いわゆる神明である。万事、この良智に聞いて取り計るように。この良智に順うためには、克己の修行を自分に強いて励むとよい。

日本では「人は生まれながらにして善である」とする性善説が基本となっています。神社の本殿には鏡がおかれていますが、鏡に向き合えば自分の姿が映し出されることから、神様は自分の中に存在するもの、つまり、本来の自分は善であることを教えているのでしょう。これを子平は「良智」「神明」という言葉で表現しています。現在は「良心」とするのが一般的です。

良心は天然自然に備わっているといっても、常に克己を心掛けなければ曇っていくばかりだとしています。まるで鏡を磨かず放置すると曇ってしまうのと同じです。心は常に磨くもの、それも克己を強いていくほどでちょうどよいとしています。

38 克己復礼を忘れるな

克己・復礼の二つを、よくわきまえて勤めるように。
○克己は己に勝つということである。己とは、私欲のままに手前勝手になること、これすべて己である。この己を押しのけることを克己という。
○復礼は、私欲に勝って道義に適うようにすることである。事物はすべて、礼・不礼がある。ひとつひとつ顧みるように。あるいは、みだりに怒気を発する時など、なぜかくのごとく怒気を抱くのかと顧みれば、もとより己の我が儘より起こる感情であるから、ひとたび顧みることができれば、たちまち消散するものだ。もっとも、このようにするには、おおいに勇気が必要となる。

礼とは簡単にいえば思いやりです。人と接していくうえでは相手を思いやる心が欠かせません。思いやりをもって接することが、道理に適うことなのです。

礼を行うには、ひとつひとつ顧みることだと子平は教えています。これも非常に具体的で、すぐにでも役に立つ教えではないでしょうか。ついカッとなってといいますが、「つい」のところで一呼吸置いて自分を省みることができたら、いたずらに怒気を発して人間関係を悪化させることも避けられるでしょう。しかし、そのような行動を心掛けるうえでは勇気が必要だとしています。

北鎌倉の古刹《こさつ》、円覚寺《えんがくじ》の管長を務めた朝比奈宗源《あさひなそうげん》老師は次のように述べています。

「礼儀ということを実行しようとすれば、どうしても若干自分というものを抑えにゃならん。いわゆる己に克たなければならない。（中略）

われわれが社会で、互いに社会生活を明るくして行こう、秩序を乱さんようにして行こうという時には、必ず何等かの割合で己に克たなきゃならない。

この頃の教育は、過去に余りに自分というものを殺し過ぎた反動でしょうけれども、余りに野放図に自己をのさばらせ過ぎた。『義を見てせざるは勇なきなり』などという言葉は今の人には滑稽に見えるかもしらん。まずは、己に克つということです」

（『人はみな仏である』朝比奈宗源　春秋社）

ちょうど一九六四（昭和三十九）年の東京五輪開催を目の前にひかえたころの講話で、世界中から人々が日本にやってくるのに、現在の日本人の不作法を放置しておいて国家の体面が保てるのかと危惧しておられる内容となっているのです。

二〇二〇年のオリンピックを控えた今、克己復礼をできるだけ多くの日本人が心掛けていく必要がありましょう。

39

日本の礼を心得よ

茶の湯・能狂言の二つは、日本の大礼である。ゆえに、いたずらに敬遠して、少しもそこから学ぼうとしないのは、大不覚というべきだろう。なお、余暇があれば詩文や楽器、絵画などの諸芸も習うとよい。空しく日を送ることがないようにせよ。

伝統文化から学ぶことは数限りなくあります。私事で恐縮ですが、御年九十二の師に茶道を習うようになってから、あらためて日常のあらゆること、一挙手一投足のすべてに、茶道の心を用いていくことの大切さを学び直しています。

その師が残念がるのは、せっかく何年、何十年と茶の湯をやってきたのに、それが日常生活に活かされていないどころか、かえって誇るようになる人がいることです。それでは本末転倒というべきでしょう。

子平は余暇があれば、諸芸も習うようにとすすめています。与えられた人生の時間は限られています。それを少しも無駄にしてはならないということを教えているのです。

40 すべて心法は勇をもとに進む

右の八徳・読書・武芸（鍛錬）・良智・克己・復礼・茶道・能狂言は、すべて身近なことであり、こんにちの業に関わるところである。遠大なことではない。これらのことに努力せよ。禹《う》は寸暇を惜しむといわれる。寸暇とは、ほんの少しの暇のことである。また、古人が、業を励む者は、夜半に眠り夜明けに起きるといったのは、一ヶ月の日数三十日では学び足りないため、ひと月を四十五日に匹敵する割合にさせるため、睡眠時間を削ったのだ。これはすべて持ち前の勇気がなさしめたのだ。聖人の心法も、仏や神に仕える者も、武芸者の気位も、勇気がなければ成し遂げられない。すべて心法は、勇を根本として進むことを心得て勤めるように。

これらの学則は、いずれも遠大なことではなく、日々を過ごしていくうえで必要なことばかりです。

しかし、こうした身近なことは、かえって努力するのが難しいかもしれません。日常は些細なことの連続で、つい流してしまいがちだからです。

子平は、聖人までも例に取り、世に尊敬される人は些細なことに心を砕き、たゆまぬ努力をしていると暗に教えています。

小さなことの積み重ねが、いずれ大きな力となる。つい忘れがちな真理を、いまいちど心に刻みたいものです。

41 人生の指針となる「いろは歌」

子平が詠んだ四十七のいろは歌の中から十句を選び、それぞれに簡単な説明をつけました。

○にんにんにおのが身の上つつしまで　よそのよしあしいうぞ拙《つたな》き

人それぞれ自分の身を慎まずに、他の人についての良し悪しをいうのは稚拙なことである。

○ほどほどの礼儀わするな日々日々に　心やすしとかたる中にも

気心の知れた仲にも、ほどほどの礼儀を忘れないように日々を過ごすとよい。

○へりくだり人をうやまう体ぞよき　おのれを先にするは不礼よ

他者を敬い、へりくだる姿勢こそよきものだ。自分を先にするのは不礼であることを忘れてはならない。

○ぬきんでて我しりがおに物いうな　人のちえにはうえに上あり

人より知識があると自惚《うぬぼ》れて、人にあれこれとものを言わないように。人の知恵にも上には上があるものだ。

○つらくせの悪きは胸のよこしまの　穂にいずるなりよくかえり見よ

顔の相が良くないのは心によこしまな考えを抱いているからだ。よく自分を顧みるように。

○むかむかと腹のたつときかえり見よ　理か非か又は短慮なるかと

むかむかと腹が立った時は、この憤りは理に適うかどうか、それとも短慮であるかどうかを顧みるようにせよ。

○のちといわず直にあやまちあらためよ　のぶれば忘れおこたりも出る

間違いを起こしたら、すぐに謝り我が身を改めよ。先延ばしにすると、忘れてしまったり、怠け心が生じるものだ。

○こころをばいかせ殺すなかたよるな　たかく小さくのびやかに持て

何かに囚われたり、抑制しすぎたりすることなく、自在にのびやかにする。これが心を活かす方法だ。

○遠慮なく人に物言いすぐすなよ　いち度の過言かえらざりけり

無遠慮に人にものを言い過ぎてはならない。ただ一度の過言でも、言葉というのは口から出してしまった以上、二度と返らないのだから。

○もろこしの書《ふみ》のみよまず日の本の　記録軍譚たえず見るべし

海外の本ばかり読まずに、まずは日本の書物を絶えず読んで学ぶようにせよ。

おわりに

平成三十年は「明治百五十年」として明治維新関連のイベントなども行われました。しかし私は「明治百五十年」という言葉に接するたびに、かえって江戸時代が二百六十四年も続いたことに驚きを抱いたのです。それにはいろいろな要因があるわけですが、なかでも教育によるところは大きかったろうと思われます。

様々な角度から検証して、江戸時代は日本人が民族性の頂点を極めた時代でした。それが「世界の奇跡」とも称される明治維新を実現せしめたのでしょう。

歴史は勝者によってつくられるものですが、日本は近現代に於いて、少なくとも二度にわたって勝者がつくった歴史を学んできています。

ひとつはいうまでもなく大東亜戦争以降の、いわゆる自虐史観です。そしてもうひとつは、明治維新において官軍とされた勝者による日本史です。

これにより江戸時代は身分制度に縛られ、男尊女卑で個人の自由もない、極めて遅れた時代であったという印象が植えつけられたと見てよいでしょう。

しかし、私は先祖が明治維新に於ける敗者の立場であったために、封建社会である江戸時代について、「自由のない遅れた時代」とのみ受け止めることがありませんでした。

「そんなに悪い時代だったのなら、なぜ二百六十年余りも続いたのか」という素朴な疑問を抱き、史料を淡々と繙《ひもと》いていくうちに、まったく異なる姿が見えてきたのです。

幸いなことに、昨今は歴史研究を専門とする方々により、日本に於ける勝者の歴史も少しずつ修正されてきています。江戸時代が世界的に見ても相当進んでいたところがあったということは、今後はさらに理解されていくのではないでしょうか。

黒船来航と大東亜戦争敗戦という二度の「西洋ショック」により失いかけた民族の自信と誇りを取り戻すのは、まさにこれからであり、その観点からしても、誇りある日本人として子供をしっかり教育していくことが強く望まれるのです。

本書を執筆するうえで、私自身の拙い経験についても随所で触れましたが、実にお恥ずかしい限りです。しかし、単に文献から得た知識だけでは、説得力もなく、活学としても欠けると思い、恥を忍んで述べました。

また、執筆しながら林子平の教えを受けるたびに、我が身を恥じ入るばかりでした。子育ての結果が見えるのは、孫が生まれてからだともいわれます。ただこれだけでも、教育とは実に遠大な課題であることがわかります。だからこそ、すぐに着手しなければならないといえるでしょう。

本書は、祖母や両親をはじめ、これまでお世話になった方々の教えのうえに成り立つものです。未熟な私を諭してくださった方々に、この場にて篤く御礼申し上げます。

石川真理子

平成三十年　秋　神々つどいし月に

〈著者略歴〉
石川　真理子（いしかわ・まりこ）
昭和41年東京都生まれ。12歳まで米沢藩士の末裔である祖母中心の家で育ち、武家に伝わる薫陶を受ける。文化女子大学（現・文化学園大学）卒業。大手出版社の編集プロダクション勤務を経て、作家として独立。著書に『女子の武士道』『女子の教養』『活学新書　勝海舟修養訓』（いずれも致知出版社）『仕事で活かす武士道』『五月の蛍』（ともに内外出版社）『乙女の心得』（グッドブックス）などがある。

武士の子育て

平成三十年十一月十五日第一刷発行

著　者　石川真理子
発行者　藤尾秀昭
発行所　致知出版社
〒150-0001東京都渋谷区神宮前四の二十四の九
TEL（〇三）三七九六—二一一一
印刷・製本　中央精版印刷
落丁・乱丁はお取替え致します。　（検印廃止）

ISBN978-4-8009-1192-6 C0095
ホームページ　https://www.chichi.co.jp
Eメール　books@chichi.co.jp

参考文献

『子育ての書1〜3』山住正巳　中江和恵　編注（平凡社東洋文庫）
『日本庶民教育史』　石川謙（玉川大学出版部）
『「小學」を読む』荒井桂（致知出版社）
『名ごりの夢』今泉みね（平凡社東洋文庫）
『江戸幕末滞在記』エドゥアルド・スエンソン（講談社学術文庫）
『日新館童子訓』松平容頌（三信図書）
『城下の人』石光真清（中公文庫）
『日本その日その日』エドワード・S・モース（平凡社東洋文庫）
『明治日本の女たち』アリス・ベーコン（みすず書房）
『英国公使夫人の見た明治日本』メアリー・フレイザー（淡交社）
『「江戸の子育て」読本』小泉吉永（小学館）
『彦根藩士族の歳時記』高橋敬吉（サンライズ出版）
『幕末転勤伝』本間寛治（エフエー出版）
『氣と生活』藤平光一（心身統一合氣道会）
『詩集　一人のために』安積得也（善本社）
『人はみな仏である』朝比奈宗源（春秋社）
『赤ちゃん教育』久保田競　久保田カヨ子（ダイヤモンド社）
『「賢い子」に育てる究極のコツ』瀧靖之（文響社）